エブリシング・バブル

地政学とマネーの未来2024-2025

終わりと始まり

エミン・ユルマズ

プレジデント社

エブリシング・バブル

地政学とマネーの未来2024-2025

終わりと始まり

目次

プロローグ

世界経済の未来を「ストーリー」で読む

PART1 2つの大国が抱える苦悩

PART2 世界の地政学リスクを読み解く

PART3 新冷戦の中で日本が生き残るための活路を考える

プロローグ

世界経済の未来を「ストーリー」で読む

2024年、新時代の胎動

世界が大きく動いている。

変動の時代に生き残るためには何が必要か。

私はかねて、大局観を持つことの大切さ、ストーリーで考えることの重要性を訴えてきた。この能力は、混迷を極める世界にあっていっそう重要になる。

日本はバブル崩壊後の「失われた30年」といわれる長期低迷を経て、経済的に他の先進国のみならず新興国にも出遅れ、日本人の多くは将来を悲観している。しかし、私の見方はだいぶ異なる。

デフレからインフレへの転換に伴い、これから日本人の給料は上昇する。さらにグローバル資本が殺到し、２０５０年には日経平均株価は30万円になると、私は数年来主張してきた。多くの人にとって、この日経平均30万円説は荒唐《こうとう》無稽《むけい》に聞こえたかもしれない。

しかし、時代がついに動いた。

2024年2月22日、東京株式市場では、日経平均株価がバブル経済期だった1989年12月29日の水準を上回り、約34年ぶりに史上最高値を付けた。終値ベースと取引時間中のいずれも最高値を更新。22日の終値は前日比836円52銭高の3万9098円68銭。その後は4万円ラインの動きが続いている。

私は史上最高値の更新に何の感慨もなかった。むしろ、「バブル期以来の最高値」という呪縛からさっさと抜け出してほしいと思っていた。最高値といっても、ドルベースで見たら全然大したことはない。日本経済の実力はこんなものではない。

これから黄金期を迎える日本の鍵は、実は国力低下の要因とされる人口減少だ。世界に先駆けて少子高齢化が進んできた日本は、これから復活する。

日本はすでに「失われた30年」を脱し、黄金期に突入しているのだ。黄金期のスタートはアベノミクスが始まった2013年だ。すでに10年が経過している。2013年を起点に株価上昇は10年続き、日経平均は2009年3月10日に付けた最安値7054円98銭から5倍超になっている。4万円を付けた株価は、しばらく揉み合い、調整しながら再び上昇し、5万円を目指すシナリオが考えられる。

これが2050年まであと30年ほど続くので、現在の「株高」はまだまだ序の口だというのが私の考えだ。

エブリシング・バブル、終わりの始まり

私はまた、過去の著作などを通して「エブリシング・バブル」が崩壊すると提唱してきた。これは、米国のあらゆるアセットクラス（資産種別）でバブルが発生し、弾けていくというものだ。

私が考える限り、バブルの7〜8割は2023年までにすでに弾けている。製薬会社など、コロナ関連株のバブルも弾けたのではないかと考えている。ほかにも、さまざまな商品のバブルが弾けているのではないか。

テスラの株式も大幅な値下がりが発生した。2021年11月に407ドルを付けた後、2023年1月には113ドルまで下げた。その後やや回復したが、2024年に入ると

再び下落に転じている。

株式以外でもさまざまな資産のバブルが弾けた。高級時計や一部の暗号資産のバブルも弾けたといえる。

残った大きなバブルが、生成ＡＩによって盛り上がる「ＡＩバブル」だと考えている。代表的なＡＩ関連株はＧＡＦＡＭ（グーグル〈Google、現アルファベット傘下〉、アップル〈Apple〉、メタ〈Meta、旧Facebook〉、アマゾン〈Amazon〉、マイクロソフト〈Microsoft〉）や半導体大手の米エヌビディアなどだ。

たとえばアップルの時価総額は２０２３年９月の時点で３兆ドルに迫った。すでに、一つの国家のような規模になっているのだ。各国の上場企業の時価総額を足した総額ベースで見ると、９月時点で１位は米国、２位は日本、３位は英国だが、アップル１社の時価総額は、なんと英国の上場企業の合計を超えていた。

さらに、２０２４年に入ってからはエヌビディアが急伸した。１月２日の終値が４８１・６８ドルだったところ、３月１日には８２２・７９ドルだ。同社の時価総額は終値ベースで初めて２兆ドルを突破した。バブルとしかいいようがない動きだった。

これまでの米国の株式市場では、いわゆる「ビッグ・テック」銘柄に投資資金が集中し、S&P500指数を牽引していたといってよい。「米国の株式市場全体が盛り上がっている」とはとてもいえない。

そもそも、私はこれらの巨大テック系銘柄や関連の銘柄が今後も成長するという意見を疑問視している。たとえば世界最大規模の半導体メーカーであるTSMC（台湾積体電路製造）の2023年4〜6月期の業績は約4年ぶりの減収減益となった。TSMCのようなファウンドリー（半導体チップの製造を専門に行う企業・サービスの総称）の業績が悪いのに、米半導体株のパフォーマンスはいい……これがすなわちバブルの末期症状なのである。

「AIバブル」は弾け、地政学の時代が来る

GAFAMやエヌビディアの株価はまだ高値圏にあるが、私は遠からず「AIバブル」は弾けると考えている。

外国株に投資する日本人が増えているようだが、ＧＡＦＡＭのような米国の最大手企業にある銘柄以外の米国株に詳しいという人は少ないのではないか。

「米国株を買っています」という人に聞いても、保有銘柄はアップルなどのＧＡＦＡＭかテスラ、エヌビディアなど巨大テック系企業だけという人が多いと感じる。

ＧＡＦＡＭなどの企業が研究開発に多大な投資をしていることは知られている。また新たな技術が誕生して、中にはさらに株価が上がる企業もあるかもしれない。しかし、やはり私は米国株に投資する際、ＧＡＦＡＭなど一部の銘柄にのみ集中的に投資することは避けたほうがよいのではないかと思う。

これまでの世界を支配していた「常識」が転換するターニングポイントを迎えた今、これからの時代に、何を見てどう行動すべきか。

まずは、いったい何が世界経済に影響を及ぼしているのか、大きな枠組みで捉えなくてはならない。私は、その最大の要因は「地政学」だと考えている。歴史を振り返れば、それは明らかだ。

「地政学的な風向き」が日本の追い風になり始めた

日本は戦後、朝鮮戦争（1950～1953年）の特需をきっかけに高度経済成長を遂げた。その背景に米ソ冷戦があった。日本や西ドイツ（当時）を共産主義から守り、経済的に豊かにしようという米国の方針が恩恵をもたらしたといっていいだろう。日独が人的資源に恵まれていたことも大きいが、この地政学的追い風がなければ、あれほど短期間で経済成長は達成できなかった。

それが一転するのが、1990年だ。旧ソ連解体やベルリンの壁の崩壊が象徴する冷戦の終了で、日本という国は地政学的な重要性を失ってしまった。日本の資産はバブルで割高になり、グローバル資本は成熟しきった日本市場から資金を一気に引き揚げ、中国やロシアに向かったのである。これがバブル崩壊後の日本の長期低迷の背景となった。

半導体のドミナンス（支配）など、1980年代後半からの日米貿易摩擦に代表されるように、日本に吹いていた追い風が向かい風に変わり、ジャパンバッシングが起こった。

日本人は自虐ネタを好むところがあるが、歴史を振り返ると、どの民族の繁栄も低迷も自分たちの力量だけではなく、地政学的要因が大きい。ゆえに、日本の長期低迷の背景にも当然、地政学的要因が大きく影響していたと見るべきだ。

さらに、戦後の好景気や株式市場の大相場は、１９５０年から１９９０年までの40年、低迷は１９９０年から２０１３年までの23年続いた。それ以前の発展、低迷も、それぞれ40年、23年というサイクルで動いていることがわかる。２０１３年から２０５３年の日本の黄金期は、発展の40年サイクルに当てはまる。

今、世界の中で日本にアドバンテージがあるのは、地政学的な風向きが再び日本に吹き始めているからだと私は見ている。

米中新冷戦と日本の夜明け

本書で詳しく述べるが、私が「米中新冷戦」と呼んできた状況がいっそう激しさを増している。

この新しい体制に入った２０１３年からの動きを見ると、第二次安倍内閣でアベノミクスが始まり、習近平が中国国家主席に就任。２０１４年にはロシアによるクリミア侵攻が発生。２０２２年にはロシアが国境を越えてウクライナへの侵攻を開始し、その後、さらにパレスチナとイスラエル、中国と台湾と、東西で戦争や紛争の激化、あるいは衝突の発生が懸念される事態が生じている。

新型コロナのパンデミックをきっかけに欧米諸国と中国の関係はより悪化し、実質、鎖国状態となった中国からグローバル資本だけでなくサプライチェーンが逃げ出している。それがどこに向かうかというと、世界中を探しても「代わりになる国」はそうはない。ある程度インフラや人材が揃《そろ》っていて製造業が盛んな国となると、結局、日本しかないのだ。

とくに今、「21世紀の原油」とも形容される半導体の生産が、台湾に集中しすぎてしまっている現実がある。今後懸念される台湾有事が勃発《ぼっぱつ》すれば、生産がストップするリスクが高い。そのため、台湾のＴＳＭＣが日本の熊本に工場を作った。半導体特許の大半を握る米国政府は生産をもう一度日本に戻そうと躍起《やっき》になっている。

これは有事を見越した「疎開」である。今後、台湾の半導体生産拠点の半分以上を日本に疎開させても不思議ではない。

猛烈な〝日本買い〟がやってくる

「グローバル投資が日本にやってくる」と言うと、世界的投資家のウォーレン・バフェットが日本の5大商社株を買っていることが話題になったことから、「外国人が日本株を買いに走る」と考える人が多いと思う。しかし、グローバル投資の形は株式だけではない。半導体工場がやってくるように、これから日本に直接投資（ＦＤＩ）をする動きが活発化していく。日本へのＦＤＩは対ＧＤＰ比１・１％で、２０２２年は中国を超えた。

これは何を意味するのだろうか。

海外からさまざまな企業がやってきて、日本で事業投資をする。事業投資は地元に雇用を生み、経済に貢献する。それが、日本のかなり地方のほうにまで行っている。半導体分野だけではない。インバウンド関連では、シンガポールの不動産投資ファンドが新潟・妙高高原のスキーリゾートに２０００億円超の直接投資をすると報じられた。２兆円プロジェクトの大阪ＩＲも同様だ。

つまり、日本にお金が集まる、ということなのだ。お金が集まれば人も集まる。人が集まれば情報も集まる。海外から直接お金が流れて、地方経済まで活発化していくと、今日本が抱えるさまざまな問題の解決につながる。

移民に関して日本国内には賛否両論あるが、地域社会と軋轢《あつれき》を引き起こすような人々ばかりではない。むしろ、資本や技術が集まることで、日本社会の発展に寄与《きよ》するより高度な技術・スキルを持った移民が増えていく可能性が高い。

人口減少と自動化で日本はどうなる

今後進んでいく自動化、無人化、ロボット化、ＡＩ化が人間の仕事を奪うともいわれる。

今は旧経済から新経済に移行している過渡期で、自動化は始まったばかりだ。大多数の仕事への影響はまだ軽微だが、このトランスフォーメーションが終わった時に最も困るのは、人口が多い国だ。なぜなら、物凄い勢いで作業効率化が進むことで、長期的には人間が携わる仕事がなくなり、人口が多い国では人があぶれていくからである。

大半の人が理解していないのは、自動化というのは今までの技術とはまったく異なるものだという点だ。

人々は19世紀まで馬車に乗っていたのが、20世紀になると馬車が自動車になり、動力がエンジンに替わり馬が不要になっていった。

だが、考えてみてほしい。だからといって人間が不要になったわけではなかった。そこに新しいニーズが生まれ、仕事が生まれ、人々は適応し、社会が発展していった。これは人類がその歴史の中で繰り返してきたことでしかない。しかし、これからの時代、自動車が無人で動くようになれば、運転手そのものが不要になる。

人々が「20世紀の馬」と同じ運命にとどまっていれば、人間が携われる職がどんどん減っていき、職の争奪戦になる。必然的にその国の秩序は乱れていく。だからこそ、単純労働を奪い合うような国はキツい。これから将来に向けて、人口が多い国は大変だ。

日本に関していえば、全自動化の技術が完成した時には、望むと望まざるとにかかわらず、だいぶ人口が減っている。人口増加国よりダメージはかなり少ないはずだ。その分、人間のリソースをよりクリエイティブな分野に集中し、未来に高い価値を生む労働を発明していけばよい。自動化時代において、人口減少はむしろ追い風といえるのだ。

移民大国といわれる米国でさえ、現在、人手不足が叫ばれる中でさらに移民を増やすことには拒否反応が出ている。これは将来、人間が余る時代を見越してのことだと私は考えている。

「痛みある変化」は歴史の必然

社会が大きく変化する中で、しばらくは生みの苦しみのようなことが起こりうる。しかし、自動化が完成した将来、ホワイトカラーもブルーカラーも仕事が少なくなり、世の中は今とはまったく違う景色になっている可能性が高い。

そんな中で人々がどうやって収入を得るのかというと、可能性の一つとして、全国民にベーシック・インカムを出さないといけなくなることが考えられる。

欧米はパンデミック下でベーシック・インカムの社会実験をやったところ、物凄いインフレになった。

日本もこれからインフレがさらに進み、２０５０年頃まで続くと私は見ている。ベーシック・インカムを導入すればさらに強烈なインフレになる可能性もある。

日本人はまだインフレという概念に戸惑っていて、政官財のトップですらインフレを一過性のものと考えており、頭を切り替えられていない。だから、多くの日本人はデフレマインドのままで、投資どころかお金を使おうとしないし、まだ貯蓄しようとしている。


しかし、インフレトレンドはもはや避けがたい。失われた30年が終わる今、社会を動かす仕組みが大きく変わり、変化に伴う痛みが生じる。

しかし、私は悲観していない。なぜなら、日本人は変わるまで時間がかかるが、いざ変わった時は「右に倣《なら》え」で一瞬のうちに切り替えることができるからだ。マインドがデフレからインフレに変わった途端、日本でも消費や投資が活発化していく。

今後、仕事がなくなっていくことへの漠然とした不安はあるだろう。再就職や転職に困らない業種とそうでない業種があり、ある意味すでに二極化が進んでいる状態だ。現時点でも、プログラマーや介護・医療関係は圧倒的に足りていないわけだから、「スキルワーカー」はどこでも働ける状態にある。

一方で事務や総務、専門のスキルがいらない営業職などはすでに人があり余っている状態だ。そもそも論として、これから仕事が減っていくわけだから、「汗をかく」ことの価値はごく低くなる。すなわち、スキルを持っていない人にとって難しい時代になる可能性は否定できない。

どれくらいのトランジション（移行）期間が必要になるかはわからないが、コロナ禍《か》の3年間だけで私たちの生活様式は大きく変わった。現金主義だった国で、いつの間にかキャッシュレスが普及し、気づいたらコンビニエンスストアでもお金のやりとりはマシーンが主流になっている。無人レジが登場してレジ打ちの人員すら必要なくなりつつある。変化は確実に進んでいる。

機械のメンテナンスに人間が必要だから、完全に人が不要になることはない。だが、確実に職に対する概念が変わっていくことだろう。単純作業は不要になる。そういう職にしか就けない人にはリスクの高い社会がやってくる。会社に勤める人々も、所属企業に寄りかからずに済むような、ユニバーサルに評価される技能を身につけるなりしたほうがいい。

私が言うまでもなく、これまでの単純な仕事へのニーズがなくなっていくという肌感覚を、多くの人が持っていると思う。それが広く現実のものとなった時のために、リスキリングをするべきだ。あとは本人の努力次第、となる。

しかし、先に述べたように、こうしたことは今に始まった事象ではなく、人類の歴史において何度となく起こってきたことなのだ。

なぜ日経平均が30万円になるのか

さて、これから日本が復活し、２０５０年頃まで黄金期を迎える。私は「日経平均が30万円」になると主張してきた。最近では似たようなことを言う人が増えてきたが、まだまだ一旦「30万円」とまでは言っていない。大勢が日経平均30万円説を言い出すようになったら、手じまいのタイミングだ。しかし、そうなるのは当分先の話だ。

失われた30年のデフレ時代、世界に類を見ない貯蓄率の高さから日本人は投資に向いていないといわれていたが、それは間違っている。デフレとは、お金の価値が上がるということだから、これまでの現金保有という日本人の経済行動は合理的で正しかったのだ。

これからインフレでお金の価値が目減りしていくことに気づけば、日本人は経済合理性に沿った動きをしていく。つまり資産運用をするか、消費をするか。その端緒はすでに現れ始めている。

東京証券取引所が利益を溜め込み、再投資しないPBR（株価純資産倍率：Price Book-value Ratio）1倍割れの企業に改善策の開示と実行を要求し、投資枠が拡大した新NISAが2024年年初からスタートした。これらはあくまできっかけに過ぎない。日本人が本格的に投資に向かう本当の引き金になるのは、やはりインフレの進展であろう。

私は、毎年3～5％のマイルドなインフレが発生する、という強気な相場設定をコロナ禍になるだいぶ前から主張してきた。

これが現実のものとなれば、現在の日経平均4万円をクリアし、5万円を目指すという史上最高値を更新する動きは「始まり」に過ぎない。私の日経平均30万円説は、今後のインフレ率を計算すれば、突飛な話ではないという時代に必ずなっていく。

時代の転換点がやってきた

では、「日経平均30万円」時代に、日本人の給料、所得はどうなっているのだろう。日本人の賃金が上がらないのは、日本の多くの経営者が、インフレがずっと続くと思っていないからだ。

2023年は、インフレの影響で値上げが行われて商品の価格が平均5％上がった。当然、売り上げも5％上がる。しかし、翌年もそうなると思っていないから、経営者は賃上げに躊躇《ちゅうちょ》するわけだ。日本の企業では、賃上げなど一度決めた従業員への待遇は元に戻せないと思っているから、大手企業もボーナスは出したがるものの、ベースアップはしたがらない。

これもマインドの問題で、これから毎年5％くらい商品を値上げしなくてはならないとなると、従業員の賃金水準も５％くらい引き上げないといけなくなる。しかし、まだその段階には来ていない。だから、賃上げには政府の働きかけなどはあまり関係ない。

だが、これも時間の問題だ。日本政府が円安を放置しているせいで、賃金の上がらない日本人の購買力が落ちている。このまま放置すれば日本経済はガタガタになる。現在は好調な日経平均株価にも悪影響が及びかねない。

したがって、どこかで政策転換に追い込まれる。マイナス金利は解除されたが、それだけで終わらず、「金利のある世界」が戻ってくる。インフレが進み、賃金が増える。経済成長がある世の中がやってくる。

あと20年くらいしたら、５万円紙幣が出てくるかもしれない。日経平均30万円時代の新卒初任給は、１００万円くらいになっていてもおかしくない。

一方で、自動化により多くの仕事がなくなっていく時代に、「新卒」という概念が存在しているかは不明だが、将来への心構えをしておくべきだと私は思っている。世の中の変化に負けずに、自分が一歩先を行く。変化する。それが「生き残る」ための唯一の方法だからだ。

本書では、2024年の今、私たちを取り巻く世界で起こっている事象を、地政学的観点も絡《から》めながら私の視点で分析した。

PART1では、激化が進む「米中新冷戦」について分析する。
PART2では、現在進行形で進む地政学リスクを概観する。
PART3では、日本、そして日本人がそのような世界情勢の下、何を考え、どう行動するべきかを考える。

これからのあなたの仕事、人生、投資活動を成功に導くために、大局観を持ち、ストーリーで考えよ、という私のメッセージが何らかの示唆《しさ》になれば幸いである。

PART1
2つの大国が抱える苦悩

習近平の訪米が意味すること

いささか旧聞に属する話になってしまうが、以下に述べることは現在の中国が置かれている状況を理解するうえで重要な、象徴的な出来事と私自身は捉えている。

2023年11月14〜17日の日程で、中国の習近平国家主席が、バイデン米大統領との首脳会談とアジア太平洋経済協力会議（APEC）首脳会議への出席を目的に訪米した。習近平国家主席が訪米したのは、実に6年ぶりのことだった。

私がとくに注目したのは、習近平国家主席の発言内容だ。

米中関係は、トランプ前大統領の時代から、きわめてデリケートな状態に置かれていた。トランプ前大統領は選挙期間中から、中国との間にある巨大な貿易不均衡を問題視する発言を行い、大統領に就任してからは、中国からの輸入品に対して追加関税を適用した。

当然、中国はこの措置に猛反発し、米国からの輸入品に対して追加関税を適用し、両国の貿易戦争は激化の一途をたどった。

トランプ政権下におけるマイク・ペンス副大統領は、中国の政治や経済の自由化が拡大することに期待して、中国が米国経済にアクセスすることを許し、WTO（世界貿易機関）に加盟させたものの、中国には不適切な貿易慣行や関税、輸入枠があり、通貨を操作し、技術を強制移転させ、知的財産を窃盗し、国内産業に不適切に補助金をばら撒《ま》き、自由で公正な貿易とは相容《あいい》れない行動を取っていると強烈に批判した。当時、「15年以内に米国が中国と戦争になる可能性はきわめて高い」と発言した米軍関係者もいたくらいだ。

とにかく、トランプ前大統領時代の米中関係は最悪の状態になった。

2021年になって、トランプ前大統領からバイデン大統領に政権が移った後も、ファーウェイやZTEなどが製造する通信機器の承認禁止や、半導体とAI（人工知能）、量子コンピュータの3分野に関して米国から中国への投資を制限する大統領令が発せられるなど、米中両国の関係性は悪化の一途をたどった。

そして2023年の習近平国家主席による訪米である。ここで習近平国家主席が発した言葉は、非常にソフトなものだった。

APEC首脳会議の閉会に伴うスピーチでは、「中国発展の基本目標は中国国民の幸福を向上させることであり、誰かに取って代わることではない」と語った。「誰かに」が米国を指していることは、改めて言うまでもないだろう。中国経済は質の高い発展を堅持すると共に、米国の景気回復に寄与するべく、協力関係を築いていく。武力による戦争も望んでいない、といった類《たぐい》の発言も行っているが、これはあくまでも表向きの美辞麗句だろう。

実際、習近平国家主席とバイデン大統領の間で話し合われ、合意されたことといえば、「軍・国防当局間のハイレベル対話再開」「合成オピオイドのフェンタニルの製造・輸出取り締まり」「人工知能に関する政府間協議開始」だけだった。首脳会談は実に4時間にも及んだとのことだが、その割に中身が薄いと言わざるをえないだろう。

そのうえ、この首脳会談が終わって数時間後の記者会見の場で、バイデン大統領は習近平国家主席を「独裁者」と呼び、中国側はこれに激しく反発した。独裁者発言について、中には「バイデン大統領がボケた」などという意見もあったが、私は違うと思う。バイデン大統領は、ある意図をもって独裁者発言を行った可能性が高い。

米中首脳会談が行われた後、習近平国家主席の晩餐会がサンフランシスコで開かれたが、ここでも印象的な出来事がいくつかあった。

この晩餐会には、米ブラックロックのラリー・フィンクCEO、アップルのティム・クックCEO、ブラックストーンのスティーブ・シュワルツマンCEO、ブリッジウォーター・アソシエイツのレイ・ダリオなど、錚々《そうそう》たるビジネスリーダーが勢ぞろいした。

しかし、ここで習近平国家主席の口から、「中国は外国企業に対して仕事をしやすくします」とか、「投資しやすくします」「貿易関係ではこういうことをします」といったような、具体的な言葉は一つたりとも出なかった。

さらに言うと、2015年に習近平国家主席が訪米した際には、アリババのジャック・マーをはじめとして、レノボ、バイドゥ、テンセントといった中国企業の経営者も同行し、米国側はアップル、フェイスブック、アマゾン、マイクロソフト、IBMなど米国IT産業を代表する企業の経営者が列席したが、今回の訪米では、中国企業の大物は誰一人として列席せず、米国側ではティム・クックがいたくらいだった。

独裁国家に戻る中国

これらの事象はきわめて興味深い。2015年の訪米から今回の訪米までの8年間で、中国に何が起こったのだろうか。

2015年の訪米時における中国は、米中関係が悪化していたとはいえ、少なくとも経済面では市場経済、資本主義経済的なものを目指していたはずだ。だから、中国のビジネスリーダーたちが、習近平国家主席と並んで晩餐会に出席した。

しかし、今の中国に市場経済、資本主義経済的なものは、ほとんど確認できない。共産主義、独裁国家に戻ったと言っても過言ではないだろう。習近平国家主席の口から、米中両国の経済関係を正常化させようという意図を持った発言が一切なく、かつ晩餐会の席に中国側のビジネスリーダーが一人も参加していないことが、それを雄弁に物語っていた。

中国のビジネスリーダーたちは、市場経済・資本主義経済を捨て、共産党幹部に囲まれて晩餐会の席に座っている習近平国家主席と同席する意味はない、と考えたはずだ。もちろん、そもそも招待されていない可能性もある。

米中新冷戦は、深く静かに進んでいる。

2015年と2023年に実現した、習近平国家主席による2回の訪米を比較すると、米中新冷戦はデタント（緊張緩和）ではなく、むしろ深刻さの度合いを一段と深めているように見える。

ゼロコロナ政策の失敗と不良債権問題

新型コロナウイルスの世界的な感染拡大が深刻な状況にあった2021年、ゼロコロナ政策を実行していた中国では、国内の新規感染がほぼ抑え込まれたことから、共産党が「政治・社会体制の勝利である」として、高らかにコロナ終了宣言を行った。

この間も米国や欧州各国、日本などでは新型コロナウイルス感染者数が爆発的に増えていたため、中国メディアは、西側諸国の政府、政治体制を無能であると断定した。習近平国家主席も、「これからは中国をはじめとするアジアの時代であり、米国は沈没していく」といった発言を行っていた。

しかし、2022年になって、中国国内における新型コロナウイルス感染者数は、再び急増した。習近平政権はゼロコロナ政策によって感染拡大を抑え込んできたと、世界的にもアピールしてきただけに、その失敗を認めるわけにいかず、主要都市のロックダウンを伴うゼロコロナ政策を継続した。そして、これが中国経済をさらにいじめることになってしまった。

中国経済は今、きわめて厳しい状況にある。何がいつ爆発するのか、正直なところよくわからないが、中国社会が不安定な状況にあるのは事実だろう。

２０２２年11月に、中国で何が起こったか覚えているだろうか。「習近平は退陣せよ！共産党は退陣せよ！」というシュプレヒコールを上げた大勢の人々が、大規模な抗議行動を行ったのだ。厳しい言論統制が敷かれている中国で、習近平国家主席や共産党を批判する抗議行動が行われるのは、きわめて珍しいことだ。

当初、広東省広州や河南省鄭州《ていしゅう》などで始まった抗議行動は、新疆《しんきょう》ウイグル自治区の中心都市であるウルムチ、首都である北京、上海、湖北省武漢などにも広がっていった。結局のところ、この抗議行動は警察による厳重警戒によって鎮静化へと向かったのだが、タブー中のタブーとされてきた、習近平国家主席や共産党の名前を挙げて抗議が行われたのは、それだけ中国国民の中に、習近平体制に対する不満が燻《くすぶ》っている証拠とも考えられる。

中国共産党内のパワーバランスにも注意しておきたい。中国共産党のトップは、党の総書記でもある習近平国家主席であることは疑いのないところだが、共産党には長老といって、陰で共産党内に強い影響力を持つ勢力が存在する。

2022年8月上旬、中国の有名な避暑地である北戴河《ほくたいが》で開かれた北戴河会議（中国共産党の前・現職指導部が一堂に会する秘密会議）で、習近平国家主席が長老たちから叱責を受けたという話があった。習近平国家主席を牽制する力を持つ一派でもあるが、ここに来て、長老や彼らに連なる人物が次々に亡くなっている。江沢民元国家主席しかり、胡錦濤側近で前首相の李克強しかりだ。また中国高官も相次いで行方不明になっている。

このような事象が相次いだ時、国家体制は不安定化するのが世の常である。政治バランスという点でも、きわめて危険なフェーズに入ったと見るのが妥当だ。

中国不動産バブルの末路

経済面でもさまざまな問題が山積している。「エブリシング・バブル」として私が指摘してきたバブルのうち、最も大きなものは米国の「資産バブル」だが、実は2021年時点で、世界で最も大きなバブルは中国の「不動産バブル」だった。

中国の不動産市場の規模は、時価総額ベースで50兆ドルにも達していた。それが今、破裂しようとしている。その前兆が、中国の不動産大手である中国恒大集団（エバーグランデ）の経営破綻だ。

２０２４年１月29日、香港の裁判所は同社に対して清算を命じた。同社は多数の銀行や金融会社から、３０００億ドルもの融資を受けていた。３０００億ドルといえば、１ドル＝１５０円で換算すれば45兆円にもなる。これは現在、世界のあらゆる企業が抱えている負債の中で、最も高額になるといわれている。それがデフォルト（債務不履行）を引き起こせば、同社に多額の資金を融資している銀行や金融会社は、大規模な不良債権を抱えることになる。

１９９０年代の日本を思い出してほしい。日本は１９８９年まで、20世紀最大のバブルといわれた不動産バブルに踊ったが、１９９０年３月に旧大蔵省銀行局がバブル経済による異常な地価高騰と土地投機を抑制する目的で、金融機関に「総量規制」を通達した。

簡単にいえば、銀行などの金融機関が不動産会社向けに行う融資を抑えるためのものだったが、これによって金融機関は不動産会社向けの融資に慎重な姿勢を取るようになり、地価が暴落。バブル経済が崩壊した。

地価暴落は、土地を担保にして莫大な金額を融資していた金融機関の経営に大きな影響を及ぼした。

融資先企業の経営が悪化して銀行への返済に窮《きゅう》するようになり、かつ銀行が担保として押さえていた土地の価格が暴落したため、銀行のバランスシートが一気に悪化してしまったのだ。その結果、金融機関の破綻が相次ぎ、信用収縮が起こり、金融機関は貸し渋りや貸し剝《は》がしを行うようになった。それがさらに企業の経営悪化につながり、長期にわたって物価が下落し続けるデフレ経済へと突入していった。

その経緯はともかくとして、1990年代に入ってから日本国内で起こった大型倒産の負債金額がいくらだったか、ご存じだろうか。代表的なものを抜き出してみよう。1990年から1998年までの大型倒産だ。

第1位　日本リース（1998年9月）　2兆1803億円
第2位　クラウンリーシング（1997年4月）　1兆1874億円
第3位　日榮ファイナンス（1996年10月）　1兆円
第4位　末野興産（1996年11月）　7160億円
第5位　東食（1997年12月）　6397億円
第6位　日本トータルファイナンス（1997年4月）　6180億円

第7位　たくぎん抵当証券（1997年11月）　5391億円
第8位　村本建設（1993年11月）　5900億円
第9位　日本モーゲージ（1994年10月）　5184億円
第10位　東海興業（1997年7月）　5110億円

以上のデータは、東京商工リサーチ調べによるものであることを断っておく。

1位から10位までの負債総額をすべて合計しても、8兆4999億円だ。もちろん8兆円という金額が小さいなどと言うつもりはないし、実際、これらの不良債権処理を行ううえで、日本は非常に苦しい思いをし、「失われた30年」といわれる長期の経済低迷に陥《おちい》った。

しかし、前述したように、中国恒大集団が抱える負債だけでも、日本円ベースで45兆円もある。加えて中国恒大集団と同じマンションデベロッパーである碧桂園（カントリー・ガーデン）も実質的な経営破綻に陥っており、この両社が抱えている負債だけで76兆円もあるのだ。

長期化する不良債権処理

問題は、この不良債権処理にどのくらいの資金を投入しなければならないのか、ということだ。

日本の不良債権処理に使われたお金は、1990年から2005年までの15年間で、ざっと見積もって100兆円といわれている。

これに対して中国の場合、どれだけ保守的に見積もったとしても、2200兆円以上のお金が不良債権処理に必要だといわれているが、果たしてその程度で収まるのか。ここは非常に流動的だ。

というのも、中国の地方政府がほぼ破綻状態にあるからだ。IMF（国際通貨基金）の試算によると、地方政府が公式に発表している債務は、日本円にして約700兆円。その他「隠れ債務」と呼ばれる債務が約1100兆円あり、地方政府だけで合計1800兆円の負債を抱えていると見られている。

以前の中国だったら、こうした地方政府の債務や銀行の負債をすべて国に移して処理していた。そもそも地方政府も、そして銀行も国のものだし、そうすることができるだけの強いバランスシートを、中国政府が持っていたからだ。

ところが、今回はなぜかそういう動きが一切見えてこない。なぜか。それに関しては、さまざまな見解が浮上しているが、私は「やらない」のではなくて、「できない」のではないかと見ている。要するに、そのくらい地方政府を中心にして、さまざまなところで抱えている負債の額が大きく、もし、それを中国政府が自分のバランスシートに移そうとしたら、今度は中国政府自体が債務に耐え切れずに、倒れてしまうと考えているフシがあるのだ。

とはいえ、このまま放置しておくわけにもいかないだろう。そこで習近平国家主席は、地方政府や共産党を今以上に強く支配するため、莫大な負債を利用する可能性が高い。

どういうことかというと、地方政府などを丸抱えにして救済するようなことはしないものの、恐らく少額ずつ資金を供給して救済するという方法を取ってくるのではないだろうか。救済資金を小出しにして、「助けてほしかったら言うことを聞け」と言い、地方政府からの求心力を高める戦略だ。

また、共産党組織に対しては、そもそもこれだけのバラマキ経済を容認して、財政危機を引き起こしたのは、中国に資本主義経済を導入しようと目論《もくろ》んだ、一昔前の共産党幹部に責任があると主張するだろう。中国が資本主義経済の導入を目指し、高い経済成長率を維持するために、公共工事を中心にしてどんどん資金を注ぎ込んだのは、あくまでも習近平が国家主席の座に就く前のことであり、現状、多額の債務を抱え込んでいることの責任は自分にはない、という理屈だ。

巨額の不良債権処理に苦しむ中国の運命

習近平国家主席にどのくらいの権力があるのかは、正直ブラックボックス的なところがあるので何とも言えないが、現在、中国が想像を絶するほど多額の負債を抱えているのは事実だし、これまでの中国バブルは、いよいよ崩壊段階に差し掛かっていると見るのが妥当だろう。

では、中国はいったい、この巨額な不良債権処理に、どのくらいの時間をかけようとしているのだろうか。

「リスクオン」「リスクオフ」という言葉の意味をご存じだろうか。リスクオンは、市場参加者がどんどんリスクを取りにいく状態のことで、将来に対して楽観的なムードが広まっている時に生じる。対してリスクオフは、市場参加者が縮こまって、リスクを取らなくなっている状態のことだ。

リスクオンの時は、現金より流動性が低い資産までもが、現金に近い流動性を持つようになる。流動性の高い順に資産を並べると、最も高いのが現金で、それに次ぐのが金（GOLD）だ。金のほうが、現金よりも高い流動性を持つと考えている人もいる。

ともかく、この2つが最も流動性が高く、それに次ぐのが米国国債だ。世界で最も強い経済力を持つ国が発行している債券なので、デフォルトに陥るリスクがきわめて低いと考えられている。

米国国債の次に高い流動性を持つのが、米国の優良企業が発行している株式と社債で、その次が米国の優良企業以外の企業が発行する社債という順番になる。逆に、暗号資産や不動産担保証券は、流動性から見て最も現金から遠い位置にある資産だと考えられているが、マーケットがリスクオンの状態になると、こうした資産までもが現金と同等の流動性を持つ資産とみなされ、買いが集まっていく。

ところが、世の中がリスクオフになると、暗号資産や不動産担保証券のように、もともと流動性が現金から最も遠い位置にある資産は、本来の位置に戻ろうとするし、最悪の場合だと、本来の位置よりもさらに遠いところに行ってしまうケースもある。

その典型的なケースがリーマンショックだ。この時、不動産担保証券は流動性がゼロになってしまった。これは、売りたくても、買い手がマーケットに一人もおらず、売れない状態になったことを意味する。そのため、最終的には米国の中央銀行であるＦＲＢ（連邦準備制度理事会）が不動産担保証券を買い上げることになった。

また、２０２０年のコロナショックの時には、ＦＲＢが超金融緩和を行い、マーケットに流動性を供給した。リーマンショックとコロナショックによって、ＦＲＢは自らのバランスシートを大きく膨《ふく》らませることになった。その規模は、リーマンショック前の実に9倍である。

こうして、米国は経済・金融危機の処置を行ったわけだが、今の中国国内の資産は、まだ流動性を喪失してしまうような状況には陥っていない。どこでどうコントロールしているのかは不明だが、米国で起こったような瞬間的な流動性の喪失が起こらない限り、中国政府はきわめて長い時間をかけて、不良債権処理を進めていくと見ている。

ただ、それは中国経済にとって長期間、足かせになることを意味している。その期間が20年になるのか、それとも30年になるのかはわからないが、ともかくそのくらいの長い時間軸で考えておいたほうがよさそうだ。

マネーも人口も縮小する中国

中国は、社会主義市場経済を打ち出して改革開放を行った1992年以降、経済成長が一気に加速した。実質GDP成長率は1992年の14・28%、1993年の13・88%、1994年の13・03%、1995年の10・97%と2ケタ成長を続けた後、一時的に7%台まで落ち込むものの、2003年から2007年まで、再び2ケタの大きな伸びを見せた。

この間、中国の総人口は右肩上がりで増加傾向をたどり、文字通り世界一の人口大国となった。

人口が多ければ、安い労働力をたくさん雇い入れることができる。改革開放路線もあいまって、中国には多くの欧米諸国、日本の企業が生産拠点を移転させた。中国を世界の工場として、安い労働力を使って価格の安い製品を大量につくり、それを世界中に輸出したのだ。これによって、中国は大量の外貨を稼ぐことができ、GDPで世界第2位にまでのし上がることができた。

しかし、どれだけ高い経済成長を記録した国でも、終わりはくる。今はゼロ成長、へたをすればマイナス成長になっていた日本も、かつてはアジアを代表する高い成長率を維持していた。日本の経済成長率は、1957年から1973年までの16年間にわたり、年平均でおおむね10％以上を維持していたのだ。

現在の中国の経済成長率は、2ケタには遠く及ばない。2016年には6％台、2019年には5％台となり、新型コロナウイルスの感染拡大によるロックダウンなどによって経済活動の低迷を余儀《よぎ》なくされた2020年は2・24％、2022年は2・9％まで落ち込んだ。

一時期は、2020年代以降も年5％程度は成長できるのではないかといわれていたが、今は4％程度が関の山ではないかといわれている。

経済成長率に急ブレーキがかかったのは、人口構成が急速に悪化しているからだ。中国の総人口は、2019年には14億人に到達したが、そこからはほとんど伸びなくなっている。2021年は14億1260万人で過去最高を更新したが、2022年は14億1175万人で、実は前年比で人口が減少に転じたのだ。1962年以降、60年にわたって増え続けた総人口が減少に転じた意味は大きい。

中国では1979年以降、人口の増加を抑制するために「一人っ子政策」が取られてきた。1980年の合計特殊出生率は2・31だったが、年々低下傾向をたどるようになり、2007年には1・57まで低下した。それ以降、中国政府としては公式の合計特殊出生率を発表していないが、国連をはじめとする研究機関の見方としては、二人っ子政策が導入された2016年以降も、合計特殊出生率の低下には歯止めがかかっていないとされる。

国連のデータによると、二人っ子政策が導入された2016年の合計特殊出生率は1・77だったが、2021年のそれは1・16となっている。日本の合計特殊出生率が過去最低を更新したなどと大騒ぎしているが、それでも2022年時点における日本の合計特殊出生率は1・26だ。合計特殊出生率では、すでに中国は日本よりも悪化しているのである。

本来、人口を維持していくうえで必要とされる合計特殊出生率は2・1だ。2021年の1・16では、確実に人口は減少していく。しかも、一人っ子政策を廃止したら合計特殊出生率が回復すると期待されていたにもかかわらず、現実には悪化の一途をたどっている。これまでは人口増加と世界一の人口が中国経済の底上げにつながっていたが、人口減少に転じれば、歯車が逆回転してしまう。

中国の人口問題については、もう一つ大きな問題がある。社会保障関連費の急増だ。

中国の総人口に占める65歳以上の高齢者の割合は、2025年には14％を超えると見られている。高齢社会を迎えるということだ。そこから11年後の2036年には、65歳以上人口が全体の21％以上になる超高齢社会になると考えられている。

高齢者が増加すると、年金や医療費の負担がかさんでくる。しかも一人っ子政策の悪影響で、年金保険料をはじめとする社会保険料を負担する生産年齢人口は伸びず、むしろこれから減少傾向をたどっていく。日本も他国のことはいえないが、社会保障負担が重くなっていくのだ。

中国には「未富先老」という言葉がある。これは国全体が豊かになる前に、高齢化が進展することを意味する。

2022年における中国の一人あたり名目GDPは、1万2670ドルで世界70位だ。日本は3万3854ドルで世界32位。同じ高齢化でも、国が十分に富んだ状態での高齢化と、まだそれほど豊かになっていない状態での高齢化では、状況が大きく違ってくる。この先、経済成長率が落ち込むだけでなく、高齢化が加速していくことによって、中国経済はきわめて厳しい現実に直面するだろう。

こうした状況下で、これからの中国は莫大な金額の不良債権を処理していかなければならない。

中国を襲う「インフラ劣化地獄」

問題はそれだけではない。中国の中央政府は、国内のインフラ投資を積極的に行い、高速道路や新幹線、橋などを中国国内にどんどんつくらせた。

中国国家鉄路集団によると、2021年時点で営業中の鉄道網の総延長は約15万キロメートルで、このうち約4万キロメートルが高速鉄道となっている。この4万キロメートルという長さは、世界の全高速鉄道網の3分の2以上を占めるといわれている。

中国で初めて高速鉄道が導入されたのは2007年のことだ。それからわずか14年間で、ここまでの規模に達してしまった。いかに中国政府がインフラ整備に多額の資金を投じたか、おわかりいただけるのではないだろうか。

これだけのスピードで高速鉄道網を整備しても、実際問題として乗客数がそれに追いつかない。結果、高速鉄道は空箱のまま、中国全土を走り回ることになるのだ。

高速鉄道が赤字路線となれば、それを建設するために投じた資金の回収が困難になる。

鉄道に限らず、あらゆるインフラ整備にいえることだが、インフラ整備には莫大な資金が必要になるため、その資金を借金で賄《まかな》っている。

ところが、あまりにも急ピッチでインフラを整備したため、インフラそのものが過剰になってしまっている。つまり、誰も乗らない高速鉄道、誰も通らない橋、さらに誰も住まないマンションがそこら中にできてしまっているのだ。誰も使わなければ、いつまで経っても資金回収ができない。

さらに問題なのは、インフラのメンテナンスが必要になってくることだ。日本でも今、これは大きな問題になっていて、戦後の高度経済成長期につくられた高速道路、トンネル、橋などのインフラを国土強靭化の名のもとに再整備している。同じことが20年後、30年後の中国にも起こってくる。

いや、中国のインフラメンテナンス問題は、もっと早い時点で顕在化するかもしれない。なぜなら中国の技術力は、明らかに日本に劣るからだ。日本より劣る技術力で、しかも突貫工事のように次々つくられたインフラが、果たして今後20年間、30年間もメンテナンス・フリーで使い続けることができるだろうか。

仮にこれから15年後、20年後にメンテナンスが必要になれば、ただでさえ赤字のインフラ運営に加え、莫大なメンテナンス費用が覆《おお》いかぶさってくる。

このような状態で、中国が米国を追い抜いて世界一の経済大国になるのは、まず無理と考えたほうが現実的だろう。エブリシング・バブルの中でも、米国バブルに次いで大きな中国バブルは、間違いなく崩壊する。

コモディティのデフレと消費者物価のインフレ

では、中国バブルが崩壊した時、世界にどのような影響をもたらすだろうか。

確実に起こるのは、コモディティ（commodity）のデフレだ。１９９０年代、原油の代表的な油種であるＷＴＩ（ウエスト・テキサス・インターミディエイト）の価格は、１バレルあたり20ドル前後で推移していた。それが２０００年代に入ってから徐々に下値を切り上げていき、２０００年には１バレルあたり30ドル台になり、２００８年には１００ドル寸前まで上昇した。

この値動きは、中国経済の成長とほぼ軌《き》を一《いつ》にしている。中国経済がどんどん成長して、資源・エネルギー需要が連動するように高まっていったため、原油だけでなく鉄やセメントなどの需要が高まったのだ。

こうしたコモディティ・ブームは、最終的には米ドル高にもつながっていく。なぜなら、原油や鉄、セメントなどを買い付けるためには、米ドルが必要だからだ。米ドルは国際取引における決済通貨なので、コモディティが買われれば、必然的に米ドルも買われることになる。米国がこれだけ金融を緩和して米ドルをどんどん刷っても、米ドル安にならないのは、こうした構造的な要因があったからだ。

それと同時に、資源を持っている国がどんどん豊かになっていった。典型的な事例は中東諸国である。UAE（アラブ首長国連邦）の都市であるドバイや、カタールの首都ドーハなどは、今でこそ高層ビルが林立する国際観光都市になっていて、世界中から大勢の観光客を引き寄せているが、今から30年前に、ドバイに旅行に行きたいという人は、かなりの変わり者に見られたはずだ。当時のドバイには今のような超高層ビルはなく、ただ砂漠が広がっているだけだった。

それが今では、見違えるような巨大都市になっている。これだけの都市を整備するには、当然のことながら莫大な資金を必要とするが、それを賄えたのは、原油価格がどんどん値上がりしていったからだ。つまり中国バブルがアラブバブルを醸成していったとも考えられる。

実際、中国経済が成長していく過程で、どのくらいの物資を必要としたのだろうか。

たとえば2011年から2013年までのわずか3年間で、中国が使ったセメントの量は、6ギガトンといわれている。米国が1900年から2000年までの約100年間で使ったセメントの量が4・5ギガトンなので、いかに中国が世界中からさまざまな物資を、まるでブラックホールのように呑み込んでいったのか、おわかりいただけると思う。

鉄に関しても同じで、米国が100年間で使用した鉄の量を、中国は10年程度で使っている。また、オーストラリア経済が堅調だったのは、中国がオーストラリアから大量に鉄鉱石を買い入れたからだ。その点でいえば、中国バブルはオーストラリア経済をも潤《うるお》すことになった。

今、米国は盛んに脱炭素化を進めようとしているが、これも将来的に石油ビジネスはあまり儲からないと思っているからではないかと推察する。

こうして、原油価格をはじめとして、さまざまなコモディティの価格が、中国バブルの崩壊と共に下落していくだろう。

「いやいや、あなたはこれからインフレの時代が来ると言っていたではないか」という声もあるとは思う。だが、コモディティのデフレと、消費者物価が上昇するインフレとはまた違う話だ。原油や鉄、銅、リチウムといったコモディティの価格は下落する。だが、消費者物価はインフレ気味に推移していく。その最大の要因は、中国が西側諸国のサプライチェーンから外されていくからだ。

詳しいことは後述するが、これまで世界的に安い製品が供給されていたのは、世界の工場である中国で、安い労働力を使って製品をつくっていたからだ。その中国がサプライチェーンから外れれば、当然のことながら製品の製造コストは上昇する。

その時、果たして今の値段でアップルのiPhoneを買うことができるだろうか。私は無理だと思っている。

もちろん長い目で見れば、中国以外のアジア諸国に生産拠点を移し、そこに新しいサプライチェーンを構築して、再び安い製造コストで製品をつくることも考えられるが、それまでには時間もかかるし、欧米諸国は中国の教訓を活かして戦略的な技術を独裁国家や政治が不安定な国に持ち込まない可能性もある。

中国をサプライチェーンから外すのは時間もかかるし、痛みを伴うものである。どうしても消費者物価には上昇圧力がかかる。

それとの見合いで考えれば、コモディティ・バブルが崩壊したとしても、消費者物価がどんどん下がるようなデフレ経済にはならない。むしろ中国をサプライチェーンから外した影響によって、一時的に物価は上昇するはずだ。

加速する人民元安

中国が西側先進諸国のサプライチェーンから外されているのは、人民元の動きを見ても明らかだ。

米ドル／人民元のレートを見てみよう。

2014年1月　1米ドル＝6・0元前後
2017年1月　1米ドル＝6・9元前後
2018年3月　1米ドル＝6・3元前後
2020年5月　1米ドル＝7・1元前後
2022年3月　1米ドル＝6・3元前後
2022年10月　1米ドル＝7・3元前後
2023年1月　1米ドル＝6・7元前後
2023年9月　1米ドル＝7・3元前後

このように、徐々にではあるが、人民元の対米ドルレートは米ドル高・人民元安に向かっていることがわかる。これは、外資が中国から逃げているなによりの証拠だ。ちなみに、2023年9月7日の人民元の対米ドルレートは、瞬間安値で1米ドル＝7・33元を付けたが、これは2007年12月以来、およそ16年ぶりの人民元安水準だ。

なぜ人民元安が進んできたかというと、欧米などの外国企業が中国への投資を抑制しているからだと考えられる。抑制というよりも、「逃避し始めた」と言ったほうが、より正確かもしれない。

これまで中国に工場などを建設していた外国企業は、中国国内で稼いだ利益を、中国国内に投資することによって、中国国内でのビジネスを拡大してきた。ところが、それをやめて自国に利益を還流させているのだ。

中国国家統計局のデータによると、2023年9月までの1年半で、外国企業は中国国内で得た1600億ドル（約24兆円）もの利益を、中国外に送金した。結果、中国の対内直接投資は、2022年1～3月期に1010億ドル超とピークに近い水準まで達した後、減少傾向をたどり、2023年7～9月期は118億ドル減となった。

対内直接投資がマイナスになったのは、1998年に統計を公表するようになってから初めてのことだ。

中国から逃げ出す外国資本

外国企業の資金が中国から逃避している理由は、さまざまだ。

目下、最も懸念されているのは米中関係だろう。「米中新冷戦」による米中摩擦を機に、米国が中国との経済関係を切り離し、中国がなくても経済が成立するようにする「デカップリング」や、そこまでいかなくても、リスク低減を図りつつ関係を維持していく「デリスキング（De-risking）」といった言葉がニュースを賑わせている。いずれにしても米国は、中国との関係を見直し始めている。

デカップリングになれば、中国に拠点を置く米国企業は中国から撤退するだろうし、たとえデリスキングになるとしても、これまでのように米国企業が中国に積極的な投資を続ける可能性は小さくなる。それを見た欧州企業、日本企業なども、同じようなスタンスを取るだろう。

ＰＡＲＴ１冒頭の話を思い出してほしい。ＡＰＥＣ首脳会議の閉会を締《し》め括《くく》るスピーチでも、その後に開催された晩餐会の席上でも、習近平国家主席の口から、米国との関係を修復するための言葉はまったくと言っていいほど出てこなかった。それはつまり、習近平国家主席としては、何も変える気がないことを暗に示している。

さらにいえば、中国国家安全局が「反スパイ法」を持ち出して、外国企業の駐在員を次々に拘束している。当然、日本企業も例外ではなく、2023年3月には大手製薬会社の中国駐在員が、反スパイ法の疑いで拘束された。

中国が反スパイ法を制定したのは2014年のこと。以来、17人もの日本人がスパイ活動への関与を疑われ、中国国家安全局に拘束されている。これは日本人に限った話ではなく、欧米西側諸国の企業の中国駐在員も同様だ。

しかも、反スパイ法は2023年7月に改正・施行され、中国で経済活動を行うにあたり、同法に抵触するリスクが一段と高まったといえる。不当に拘束されるリスクが高まっている状態では、中国で満足のいくビジネスなどできるはずもない。

現在、欧米各国や日本など中国から見た外国人にとって、中国はきわめて生活しにくい環境になってきている。このような状況下で、中国への投資を積極化させるような外国企業などあるはずもない。これまで中国株に大きくベットしてきた米国の投資会社、ブラックロックでさえ、最近は日本株に注目する動きを見せている。

いずれにしても、中国国内における身分が保証され、外国企業が自由に活動できる環境にならない限り、外国企業の中国離れは進むだろうし、それに伴って人民元安も加速していくだろう。


ところで「人民元が安くなれば、中国にとって輸出が有利になるのでは」という声もありそうだ。

確かに、円安が進むと輸出企業の株価が値上がりするのと同じように、人民元安は中国企業の業績にプラス効果をもたらす。一方で中国はただでさえ内需が弱いので、人民元安によって内需がさらに痛んでしまう恐れがある。また、同時に中国への投資が冷え込んでしまう。たとえば米国側から見れば、人民元安が進めば進むほど、人民元建てで保有している資産の米ドル建てでの価値は目減りしていくからだ。人民元安は、ただでさえ落ち込んでいる外国企業の中国向け投資を、さらに冷え込ませてしまう恐れがあるのだ。

外国企業からの資本を受け入れて、ここまで経済を成長させてきた中国にとって、外国資本から見放されることは、人民元安による輸出メリットを考慮したとしても、大きなマイナス要因になる。

そのうえ、米中新冷戦は常に有事に近い状況を生み出すだろう。身近なところでは、台湾海峡問題が目下、東アジアにおける火薬庫になるリスクが高い。そして、有事に強い通貨は何かといえば、多くの方がご存じのように米ドルだ。こうした点からも、人民元は今後、その水準を大きく切り下げざるをえないだろう。

デカップリングで進むインフレ

この際、米国が中国からデカップリングした場合の影響も考えておくべきだろう。

米国側にとって、中国を世界の工場という位置づけにし、自国をはじめとして世界中に安い製品を送り出せれば、物価は低インフレで安定し、低金利によって経済活動を活性化できるというメリットがある。しかし、長期的に考えれば、中国に依存することによって米国が払うべきコストが、メリットに比べてはるかに高くなるだろう。

中国との関係を今後も続けていこうとすれば、米国をはじめとする西側資本主義諸国は、低インフレと低金利、それに伴う経済活性化を享受できるものの、その反面、技術や人材の流出、不公正な貿易取引、自国企業の従業員の不当逮捕など、余計なコストを払わなければならない。

このまま中国との関係を続ける中で台湾有事にでもなったら、より莫大なコストを負担せざるをえなくなる。そのリスクを考えれば、米国をはじめとする西側資本主義諸国は、できるだけ早期のうちに中国から離れるべきだろう。

ただ、中国とのデカップリングが実現した場合、西側資本主義諸国にもマイナスの影響が生じてくる。それがインフレだ。中国という世界の工場、デフレ輸出マシーンから離れれば、今までのように安い労働コストで製品をつくることができなくなる。西側資本主義諸国は構造的なインフレ要因を抱えることになるだろう。

さらに言うと、これは西側資本主義諸国に限った話ではないが、新型コロナウイルスの感染拡大時に採った政策により、世界的に借金（政府の債務）が膨れ上がっている。その額はざっと、世界の名目ＧＤＰの総額に対して3倍以上ある。

世界の名目ＧＤＰの総額は、２０２２年時点で95兆８９２１億ドルだから、約３００兆ドルもの借金を抱えていることになる。それだけのお金が刷られた以上、インフレにならないはずがない。

現に、これだけ長期にわたってデフレが続き、デフレから脱却できないと思われていた日本でさえ、２０２３年には消費者物価指数の上昇率が４％に届いた。そのくらい、世界的にインフレ圧力が強まっているのだ。当然、この先もインフレが生じる可能性は十分にある。

「インフレの世界」で何が起きるのか

もちろん、デフレが生じることもあるだろう。エブリシング・バブルが崩壊すれば、一時的なデフレショックも起こりうる。

ただ、そうだとしても今後20年、あるいは30年という時間の流れの中で、私たちはインフレの世界で生きていくことを余儀なくされる。中国経済が停滞して、コモディティ・バブルが崩壊したとしても、だ。なぜなら、今申し上げた構造的な要因だけでなく、ほかにもインフレを誘発する要因がいくつかあるからだ。

まず人手不足だ。これは日本でもよくニュースになっているから、多くの人が実感していると思うが、とにかく人が足りない。それは少子・超高齢社会である日本固有の問題だと思っている人も少なくないが、実は世界的に人手不足が深刻化している。

インドやアラブ諸国、アフリカ諸国は今後も人口が増えていく国・地域だが、それ以外の国・地域では、人口は減少局面に入っていく。日本は言うに及ばず、世界一の人口大国だった中国でさえ、すでに人口は減少局面に入った。韓国や台湾、香港も、2020年には統計を取るようになって初めて、人口が自然減へと転じた。

「米国は移民政策によって人口が増えているのだから、同様に移民政策を取ればいい」という、いささか乱暴な意見も出てきそうだが、現状、移民政策については、あの米国でさえも反対の意見が増えている。

これには米中新冷戦の影響もある。世の中の対立が増えれば増えるほど、世論は保守的になり、鎖国的な動きをするようになる。

米国の移民政策の変容という点では、トランプ前大統領は、メキシコ国境に壁を建設し、国境警備を強化し、不法移民の強制送還を公約に掲げて当選。実際に移民法の厳格な適用も行ったが、2020年の大統領選挙でトランプ前大統領を下したバイデン大統領が、移民に寛大な政策を取ったのかというと、実はそうではない。基本的にはトランプ前大統領の移民政策を引き継いだ形となり、メキシコ国境の壁建設に関しても、一時的に停止したものの、2023年10月には壁の再建を認めることを発表している。

米国の移民政策は転換期を迎えたと思う。バイデン大統領がトランプ前大統領の移民規制を引き継ぐ形になったということは、すでに移民規制が米国政府の国策になったと考えるのが自然だろう。先に述べた通り、今後、さまざまなところで自動化、ＡＩ化を進めていけば、今までのように人の頭数は必要ないとまで、考えているかもしれない。

自動化、ＡＩ化が社会全体に実装されれば、労働コストは下がり、インフレの芽は摘《つ》まれていくかもしれないが、本格的に実装され、人々がこうした機械と共存できるようになるまでには、まだ相応の時間を必要とする。その間は、人口減少によってどうしても労働コストが上がるため、それがインフレ圧力を強めることになるだろう。

3％程度のインフレは不可避

もう一つのインフレ要因は「グリーンフレーション」だ。脱炭素化など環境に配慮し、持続可能な地球にしていくうえでは、さまざまなコストがかかってくる。

たとえば太陽光発電や風力発電は、温室効果ガスの削減には効果的である反面、銅やアルミニウム、リチウム、銀、グラファイト、レアアース、コバルトなどの金属の使用量が多くなる。たとえば太陽光発電は、単位電力あたり、化石燃料発電に比べると11～40倍の銅を使用するし、風力発電は6～14倍の鉄を使用するといわれている。

もちろん鉱山開発を行って、こうした金属の採掘が進めば、需要と供給のバランスが取れて価格高騰を抑制することはできるが、現状、鉱山開発には時間がかかる一方、できるだけ早期に再生可能エネルギーを普及させようという圧力が強まれば強まるほど、金属などの価格を押し上げることにつながっていく。

一部では、「環境政策なんてでたらめだ。電気自動車を普及させるのはよいが、電気をどうやって確保するんだ。発電で大量の温室効果ガスを吐き出してしまったら、何のための電気自動車なんだ」という声もあるが、どのように批判しようとも、この流れを止めることはできないだろう。

グリーン政策は、もはや価値観として人々に組み込まれようとしている。Z世代と称される若い人たち（1990年代後半から2012年頃までに生まれた世代とされる）は、40代以上の人たちに比べて環境意識を強く持っているし、動物愛護の気持ちも強い。動物を無闇に殺してはいけない、食肉の消費量を減らそうなどとも主張している。

こうした価値観の変化は決して悪いことではない。ただ、その移行期においては、どうしても合理的ではないことも行われるだろう。

前述した、電気自動車を普及させればさせるほど、電気をつくるために大量の温室効果ガスを出してしまうということも十分に起こりうるが、これは当初の段階では仕方がない。それを乗り越えるために、技術力の進歩があるのだ。

技術力の進歩によって、恐らく電気不足の問題もクリアされていくだろう。そうなったら、ハイブリッド自動車でさえ、もはや時代遅れになってしまう。とはいえ、世の中のインフラを大きく変えるためには、前述した太陽光発電や風力発電によって使用される金属が増えるのと同様に、さまざまなところでコスト増の要因が生じてくる。そして、そのコスト増は、私たち生活者が負担しなければならない。

このように考えると、デカップリングや人手不足、グリーンフレーションによって、少なくとも先進国においては3％程度のインフレは覚悟しておく必要がありそうだ。これまでFRBなど先進国の中央銀行は、インフレ目標を2％としてきたが、恐らくそれでは収まらない時代が来る。

TSMCの熊本工場は台湾有事への備え

デカップリングのついでにもう一つ、日本人が意識しておかなければならないリスクを簡単に説明しておこう。それは台湾有事だ。

実際にそれが現実のものとなるかは、正直なところ現時点ではわからない。だが、習近平国家主席の言動から考えると、台湾有事はいつ現実化してもおかしくない。台湾の世界的な半導体ファウンドリーであるＴＳＭＣが、なぜ日本の熊本県に最先端工場を持ってきているのかというと、まさに台湾有事に対する備えだ。

もし台湾有事になって、台湾の半導体ファウンドリーが中国に抑え込まれたりしたら、瞬《また》く間に欧米先進諸国の企業は半導体不足に陥り、事業展開ができなくなってしまう。パソコン、スマートフォン、さまざまな家電製品、自動車などは半導体不足で製造できなくなり、あっという間に値段が何十倍にもなってしまう恐れがある。

現在、デカップリングが議論されているとはいえ、日本が中国から輸入しているモノはたくさんある。アパレルなどはその代表的なものの一つだ。

また、食品価格にも大きな影響を及ぼすだろう。日本は、農林水産物のうち一定の割合を中国からの輸入に頼っている。金額的に多いのは、魚介類や野菜だ（冷凍食品等を含む）。

政府は食料安全保障の観点から、有事に備え、調達先として特定国に過度に依存しない体制づくりを急いでいる。中国からの輸入依存度が高い現状を変えなければならない、ということだ。これは日本人、一人一人がしっかり意識しておくべきことだろう。

景気後退局面入りする米国経済

中国と「新冷戦」を繰り広げる大国、米国が抱える問題点についても考えてみたい。バブルの規模という点からすれば、米国のそれは中国を上回る。当然、そのバブルが崩壊した時の影響も大きくなる。それだけに、米国バブルは崩壊するのか、崩壊するとしたらいつなのか、それとも崩壊せずに乗り切ることができるのか――。その答えが当たる、当たらないに関係なく、各人が考えておく必要がある。

とくに最近は、新ＮＩＳＡのスタートで、投資信託の積立投資に興味を持っている日本人が増えている。資産形成をしたいと考えている人たちの間で、最も注目されている投資対象が何か、ご存じだろうか。

それは世界中の株式市場に分散投資する投資信託だ。ＭＳＣＩオール・カントリー・ワールド・インデックスという、全世界の株式市場に分散投資した時に得られる成果に運用成績を連動させるタイプの投資信託が、今一番、個人の人気を集めているのだ。

しかし、ここで勘違いしやすいのが、「世界中の株式市場に分散投資するのだから、1カ国の投資比率なんてごくごくわずかなものだろう」ということだ。

ちなみに現在、証券取引所を持っている国の数は、140にも上る。各国均等に投資したら、1カ国あたりの投資比率はたったの0・7%だ。その中には、米国のような資本主義の総本山のような国もあれば、経済規模が小さい国もある。

そうであるにもかかわらず均等に投資すると、指数に偏りが生じてしまうため、実際には株式市場の時価総額の大きさによって、組入比率に差を設けている。たとえば米国の株式市場の時価総額が、世界の株式市場のそれに占める比率は約60%なので、MSCIオール・カントリー・ワールド・インデックスのポートフォリオに占める米国株式の組入比率は60%前後になっている。

ということは、米国バブルが崩壊して、一時的であるにしても米国の株価が大暴落すれば、新NISAでMSCIオール・カントリー・ワールド・インデックスに連動する投資信託を購入している個人が受ける損失も、かなり大きなものになる恐れがある。

いつ米国バブルが崩壊するのか、いつ株価が大暴落するのかは誰にもわからないが、これから私が説明する話を読んで「なるほど」と思った方は、自身が保有している資産の中身をしっかりチェックして、米国株式や米国債券など米国の資産を持っていたら、バブル崩壊や株価暴落に備えたほうがよいだろう。

景気先行指数が悪化する米国経済

いささか前置きめいた話が長くなったが、まず米国の景気が現状、どのような状況にあるのかを考えてみたい。

米国の景気の先行きを占ううえでは、米国の民間調査機関であるカンファレンス・ボードが毎月発表している景気先行指数が参考になる。２０２３年３月のそれは前月比で０・３％低下したが、同指数は２０２１年12月に天井に達してから28カ月経っているが、この間は基本的に悪化を続けてきた。

とはいえ、これが米国経済の強いところだが、景気先行指数と共に発表されている景気一致指数や景気遅行指数は、そこまで悪化していない。景気の先行きを示す景気先行指数が2年以上悪化を続けているわけだから、どこかの段階で景気は後退局面に入っていくと思われるが、実は想定されていた以上に元気があるのは事実だ。

しかし、徐々にではあるが、景気が後退局面に向かっていることを示す数字も散見されるようになってきた。

たとえば雇用。

雇用関連統計といえば「非農業部門雇用者数」が有名で、事前予想に対して結果がどうだったのかを見る。２０２４年３月の予想値は、前月比で21万人増のところ、結果は30万３０００人増で底堅く見える。

ただ、気になるのは失業率だ。２０２４年３月のそれは３・８％だが、２０２３年10月には３・９％まで上昇した。失業率の３・９％は、決して高い水準ではないが、２０２３年４月のそれは３・４％だったので、２０２３年10月は、それを０・５％上回ったことになる。これが何を意味するのか。

米国の経済学者で元ＦＲＢのエコノミストであるクローディア・サームは、「12カ月以内に失業率が最低水準から０・５％上昇したら、景気後退に入っているか、入る可能性が１００％と判断できる」というサーム・ルールを提唱している。そのルールに則って考えれば、２０２３年４月に対して、同年10月の失業率は０・５％上昇しているので、米国経済はそろそろ景気後退局面に入るのではないかと考えられる。なお、米国の失業率は３月３・８％に下落したものの、４月に再び３・９％に上昇した。

莫大なコロナ対策費が尽きた時、個人消費は消失する

たとえば小売売上高の数字を見ても、2024年3月の前月比は0・7%増まで回復してはいるが、それもどこまで持つのかは、何とも言えない。

新型コロナウイルスの感染拡大が一服し、経済活動が正常化した後、米国を猛烈なインフレが襲った。2022年6月の消費者物価指数上昇率は、前年同月比で9・1%にも達した。

これは、半導体など製品をつくるうえで必要な部品の供給制約だったり、ロシアのウクライナ侵攻によって、資源・エネルギーや食料品の供給が滞ったり、あるいは労働市場に人が戻ってこなかったりというように、さまざまな要因が重なり合った結果と考えられるが、加えてもう一つインフレ要因を挙げるとしたら、想定していた以上に個人消費が強かったことだ。

米国の個人消費が、どうしてそこまで強かったのか不思議に思う人もいるだろう。

最大の要因は、米国の家計部門が大量の余剰資金を抱えていたことだ。米国政府がコロ

ナ対策に費やした金額は、総額で4兆ドルにも上る。そのうち家計に回った金額は約2・1兆ドルといわれている。日本円にして約315兆円だ。これだけの資金が家計に回ったとしたら、働かずとも、この補助金を食いつぶして生活すればいいと考える人が出ても不思議ではない。

ただ、2・1兆ドルのうち1・9兆ドルはすでに消費などによって消えた。残りは200億ドルだ。これが消えた時、米国民は真剣に働かざるをえなくなる。恐らく本書が書店に並ぶ頃には、そういう状況になっているのではないだろうか。

また、これまで補助金頼みの生活をしていて、まったく働く気がなかった人たちが、働く意思を持って労働市場で就職活動を行った時、失業率の数字が一気に跳ね上がる可能性もある。なぜなら失業率を計算する際には、働く意思を持たない人を除くからだ。

失業者とは、働く意思を持って就職活動などを行っているけれども、採用されずに働けない状態にある人を指している。それまでは働く意思のなかった人たちが就職活動を行った時点で、失業者の数が一気に増えて、失業率が押し上げられるケースも考えておく必要がある。

米国経済は、個人消費が景気を大きく左右する。なにしろ、GDPに占める個人消費の割合が7割もある国だ。その個人消費が落ち込むようなことになれば、景気がしばらく厳しい状況に直面するのは自明だろう。

ドル高と金利高で隘路にはまった米国

個人消費がGDPの7割を占めるといっても、企業部門を無視していいというわけではない。かつ企業部門ではサービス業が中心で、製造業が10％以下だといわれているが、やはり製造業が元気でない国の経済は厳しい。これは米国に限ったことではなく、日本でも、欧州各国でも同じことだ。

これは自動車産業を想像してもらえばわかるだろう。自動車は、膨大な数のパーツを組み合わせてつくられる。原材料には鉄、アルミ、銅、鉛、錫、亜鉛、ガラス、ゴム、樹脂、繊維、セラミックがあり、パーツとしては各種電装品、半導体、センサー、シート、エアコン、バッテリー、照明、配線など、非常に多岐にわたっている。さらに視野を広げれば、保険会社、自動車ローンを提供する金融機関など、非製造業との関わりも持つ。それだけ産業としての裾野《すその》が広いということだ。

裾野が広ければ広いほど、さまざまな原材料・部品メーカーが関わってくる。裾野の広い製造業の動向は、たくさんの企業の業績を左右するといっていい。この点から考えても、全産業に占める製造業の比率が、たとえ10％以下だとしても、その存在は一国の経済活動に強い影響を及ぼすと考えるべきだろう。

ところで、昨今の米ドル高は、米国経済にとって両刃の剣だといえるだろう。前述したように、米国のインフレはかなり厳しい水準まで上昇したが、米ドル高が進んだからこそ、辛うじてあの程度の上昇率で済んだとも考えられる。その意味で、米国政府は米ドル高を容認していた。いや、むしろ米ドル高が進むことを強く推していた感もある。

現実問題として、インフレはつくり出すのは簡単でも、それをコントロールするのは非常に難しい。インフレにするためには、どんどんお金を刷ってばら撒《ま》けばいいだけだ。事実、それをやってしまったから、米国は9％という非常に高いインフレに見舞われることになったのだ。

しかし、インフレをコントロールしようとすると、これがなかなか一筋縄にはいかない。それがわかっているからこそ、米国政府にとって米ドル高は、願ったり叶ったりだったといえるだろう。

このように、インフレ抑制という点では有効な米ドル高だが、米国の製造業にとっては決して嬉しい話ではない。言うまでもなく、米国製品を海外に輸出するに際して、価格競争力の面で不利な状況に立たされるからだ。結果、米国企業の業績は全体的に悪化傾向をたどった。

もう一つ、インフレ率の上昇によって厳しい状況に立たされている業種がある。不動産がそれだ。

まず商業不動産だが、これはきわめて厳しい。ロサンゼルスのオフィスビルは空室率が30％のところもあると聞く。言うまでもなく新型コロナの影響だ。日本がそうだったように、米国でも新型コロナウイルスが蔓延《まんえん》していた時期は、外出が極端に制限された。仕事をするにしてもオフィスに行くのではなく、リモートワークが中心になった。

人間は一度楽を覚えると、なかなか元の環境には戻れない。米国企業の中には、働く環境をコロナ禍前の状態に戻そうとしたところもあったと聞いているが、そういう企業に勤める社員が、オフィス出社に不満を覚えて退職するケースも増えた。

結果、米国企業の多くがリモートワークを続けざるをえず、それがオフィスビルの空室率の上昇につながっている。

商業不動産市況の悪化を受け、先日はセントルイスにある高層ビルＡＴ＆Ｔタワーが売却されたが、２００６年には2億ドル以上の値段を付けていたビルが、わずか３５５万ドル（約５・５億円）になっていた。つまり、今東京の港区でマンションを２つ買えるほどのお金があれば米国の高層オフィスビルを買える。ニューヨークに70カ所以上の拠点を持っていたWeWorkが破綻したことも、商業不動産市況の悪化につながった。

商業不動産市況の悪化は、このようにさまざまな要因が絡み合っているが、やはり新型コロナを機に働き方が変わった点が、大きな影響を及ぼしている。この流れが不可逆的なものかどうかは、現時点ではまだ何とも言えないが、しばらくオフィスビルは高い空室率に悩まされることになるだろう。

では住宅はどうか。これも厳しい状況にあり、へたをすれば住宅不動産市場が崩壊する恐れもある。

その原因は金利の上昇だ。現在、米国の住宅ローン金利は、返済期間30年の固定金利型で年7％になっている。ここまで住宅ローンの金利水準が上昇してしまうと、新規で住宅ローンを借りて家を買おうとする人はいなくなってしまう。

米国の住宅ローンバンカー協会（The Mortgage Bankers Association of America：ＭＢＡ）が算出している住宅ローン指数は、１９９６年の水準にまで低下している。ちなみにこの指数は、住宅ローンの申請件数を指数化したものなので、これが1996年レベルにまで低下しているということは、それだけ住宅ローンを借りる人がいないことを物語っている。

これは米国人特有の家の買い方なのかもしれないが、彼らは今住んでいる家を手放して新しい家を購入する時、住宅ローンもリファイナンスする。

当然、低金利だった時代に家を買った人たちは、たとえば年2%程度の住宅ローン金利で借り入れしていたので、今のように年7%にもなってしまうと、そのような高い金利は払いたくないので、同時に家の住み替えもしなくなる。結果、中古住宅市場が回らなくなるし、リフォーム需要も落ち込んでしまう。米国の住宅は新築よりも中古物件が中心なので、中古住宅市場が回らなくなるのは、きわめて深刻な問題だ。

前述した自動車産業と同様、不動産業も非常に裾野が広い。家を建設、リフォームするだけでなく、新しい住まいに引っ越す際には、カーテンや家電、キッチン用具など、さまざまなものを一新するケースが多い。それだけに、不動産市場の低迷が続くと、米国バブルの崩壊に直結する恐れがある。

さまざまなバブルが崩壊の危機に瀕しているが、中でも米国の不動産バブル崩壊は、私たちも注視しておく必要がある。

ソフトランディングか、ハードランディングか

では、バブルが崩壊した米国経済は、ソフトランディングで済むのか、それともハードランディングになるのかを考えてみたい。

インフレ再燃懸念で２０２４年中の利下げはないとの見方も一部にあるが、ＦＲＢは２０２４年中に、利下げに転じるだろう。

一つは、これまでの金融引き締めで生じた実体経済のマイナス面を考慮してのことだ。利上げは景気に対して遅効性を持つので、ＦＲＢは、さらなる利上げを行えば行きすぎた金融引き締めになるのではないかと懸念している。

米国の景気先行指数は、２０２２年の後半から徐々に悪化しており、とりわけ製造業関連の悪化が目立っている。また住宅ローン金利の上昇で不動産市況が悪化しているのは前述した通りだ。

これまで強かったサービス業に関しても、弱い数字が散見されるし、雇用統計も見た目より中身が悪いのが実態である。ＦＲＢとしては景気を腰折れさせないためにも、利上げ

は2023年7月を最後にして、2024年は利下げに転じると見ている。

ただ、利下げに転じるとしても、小出しに利下げをしてくるはずだ。なぜなら、急激に利下げを行えば、インフレを再燃させかねないからだ。仮に利下げを実施するにしても、1回の利下げにつき0・25%刻みで、2024年は2回の利下げがあるのではないだろうか。


FRBが利下げを実施すると見るもう一つの理由は、政治圧力だ。FRBは建て前上、政府から独立した組織ということになってはいるものの、まったく政治圧力を受けないということはない。

とくに2024年は11月に大統領選挙を控えている。そのため、景気に対して非常にセンシティブになっている。イエレン財務長官が、2023年12月の雇用統計が公表された後、「米国経済はソフトランディングした」との見解を示したが、これは選挙に向けたリップサービスのようなものだろう。

しかし、恐らく米国経済は、イエレン財務長官の言葉も空しく、ハードランディングの道をたどるのではないかというのが、現時点における私の考え方だ。

これまで、ソフトランディングだと言いながら、それが実現したためしはほとんどない。もちろん、利上げを行う中で経済が減速せずに成長を続ける「ノーランディング」も、少なくとも私は一度も確認したことがない。

コロナ後の米国経済の堅調さは、雇用の強さと、サービス業の堅調さに支えられてきた。そしてこの間、製造業や不動産業は厳しい状況に追い込まれつつあるが、ここで雇用が悪化し、個人消費の冷え込みからサービス業が厳しい状況に追い込まれれば、米国経済はハードランディングするリスクが高まってくる。１００％の確率でハードランディングになるとまで言い切るつもりはないが、今の米国経済は決して楽観できるような状況にはない。


目下、ＧＡＦＡＭバブルだけは崩壊することなく、底堅い様相を見せているものの、ハイテク関連は中国との取引が多い。その中国経済は、いよいよ不動産バブルが崩壊して、長期の低迷局面に移行しようとしている。加えて米中新冷戦や経済安全保障上の問題で、両国の対立は深刻化している。これらの材料を考慮すると、ＧＡＦＡＭバブルもいつ崩壊するか、わかったものではない。

もし米国経済がソフトランディングできるなら、インフレが再燃するリスクを冒してまで利下げを行う必要はない。徐々にインフレ率が目標値である２％に落ち着くのを待てばいいだけのことだ。

しかし、ここで利下げの議論が出ているのは、米国経済がハードランディングするリスクが高まっているからにほかならない。

今の相場を1990年代後半から2000年3月までのITバブルにたとえる人もいる。米国バブルの崩壊は案外、GAFAMバブルの崩壊がきっかけになるのではないだろうか。

米中新冷戦の行方

最近は、さまざまなメディアが「新冷戦」という言葉を使っているが、私がこれを言い始めた2016年後半あたりは、ほとんどの人に賛同してもらえなかった。

しかし、実は2011年に勃発《ぼっぱつ》して現在も続いているシリア内戦で、すでにこの新冷戦の構図が見て取れた。アサド政権を支持したのは中国やロシアなどの独裁専制主義国家であり、反政府側を支持したのは米国、イギリス、フランスなどの民主主義国家だったからだ。その構図はまさに、1980年代まで続いた東西冷戦そのものだった。

さらに２０１４年に起きたロシアのクリミア侵攻においても、これと同様の対立が生じている。米国と中国を中心とした新冷戦が、いよいよ抜き差しならないところに来ているという印象を受けた。

新冷戦は、経済覇権をめぐる争いといってもよい。

過去20〜30年を振り返ると、世界で最も成長した国が中国であることには、誰も異論を挟む余地がないだろう。中国は安い労働力を大量に動員し、低廉な製造コストを実現して、世界の工場としての役割を担ってきた。そして、その裏側ではさまざまな手練手管《てれんてくだ》を用いて、他国の知的財産を盗み、研究開発費を浮かせてきたのだ。

そのうえ、自国の市場からグーグルやアマゾンなど、米国の主要なＩＴ企業を締め出しておきながら、そのビジネスモデルを模倣したテンセントやアリババを巨大化させ、米国の株式市場に上場させるという、きわめて厚かましいことをやってのけた。米国にとっては、庇《ひさし》を貸して母屋を取られたようなものである。

なぜ、中国をここまで増長させたのかというと、歴代の米国政権が中国に甘い顔をし続けてきたからだ。そして、これに待ったをかけたのが、２０１６年の米大統領選挙に当選したトランプ前大統領である。

トランプ前大統領は、中国からの輸入品に大型関税をかけて自国製品のコスト競争力を高めようとし、5Gネットワーク技術で有力なファーウェイを米国市場から締め出した。しかも欧州や日本にも追従を求めた。

誤解のないように言っておきたいが、これは決して、米国が自国の経済覇権を守るため、出る杭である中国の頭を叩いているわけではない。そもそもWTOに加盟しておきながら、国際貿易のルールを破って自国経済を肥えさせてきたのは中国であり、米国はむしろ被害者であるともいえる。米国が中国に対して行っているさまざまな経済制裁は、正当化されてしかるべきだろう。

世のマスコミは「米中貿易摩擦」という言葉を使っていたが、実態は米中新冷戦だった。経済のグローバリズムは終焉へと向かい、経済新冷戦とブロック経済化へと、さらに大きく傾いていくものと私は読んでいる。

米中間の安全保障問題

米中新冷戦を考えるうえで、2つの大きな難題がある。南シナ海問題と台湾海峡問題だ。

まず南シナ海問題だが、これに関して米国が中国の覇権を許すことは絶対にないと考えている。もし南シナ海における中国の覇権を許すような事態になれば、米国は世界で最も重要な貿易ルートの一つを中国に渡してしまうことになるからだ。それは米国の覇権を大いに揺るがすことになる。

南シナ海は、世界の海洋交易の約30％のシェアを持っている。加えて広大な漁業資源の宝庫で、世界の12％の魚がここで獲《と》れる。海底には大量の原油や天然ガスが眠っている。そして、中国の大きな17の港のうち10港が南シナ海および東シナ海に面している。このことからも、南シナ海が中国にとって生命線であることがわかるだろう。

中国は南シナ海に関して、１９５０年代から勝手に「九段線」と呼ばれる9本の線を引き、その内側はすべて中国のものであると主張してきた。当然、その内側には台湾も含まれているし、南シナ海はその大半が中国の領海になってしまう。

では、その正当性を証明できるのか。中国は「歴史的権利である」という程度のものしか、国際社会に示すことができない。実際、２０１６年7月12日に、ハーグの常設仲裁裁判所が「法的根拠がなく、国際法に違反する」という南シナ海判決を下している。

南シナ海は米国の覇権だけでなく、世界にとって非常に重要なシーレーンだ。日本にとっても例外ではなく、中東から運ばれてくる石油の大半は、南シナ海を通っている。

世界にとってこれだけ重要な場所を、中国は自国の領海であると主張しているのだ。浅瀬を埋め立てて人工島をつくり、それを自国の領土であると主張するだけでなく、前述の南シナ海判決が下された後も、なお人工島の造成を続けているのだ。しかも、その人工島には港湾施設や滑走路、レーダーなどの施設が完成しており、軍事拠点化している。南シナ海問題は一触即発の状況と言っても過言ではないだろう。

台湾海峡問題も深刻さの度合いを増している。旧聞に属する話で恐縮だが、2021年3月、米国議会上院軍事委員会の公聴会で、アメリカ・インド太平洋軍のフィリップ・デービッドソン前司令官は、「中国が野望を加速させるのを懸念する。台湾は野望の一つであり、今後6年以内に脅威が顕在化する」という警告を発している。2021年の公聴会から6年以内ということは、2027年までに台湾を巡る危機が顕在化することを意味する。

東アジア周辺における米国と中国の戦力を比べると、軍用機、艦艇の数はすでに中国が上回っており、2025年にはその差が決定的なものになる見通しだ。これでは中国が台湾統一に動き出した時、米国は軍事力でその動きを抑えることができなくなる恐れがある。

２０２４年は米国大統領選挙の年であり、この原稿を書いている２０２４年２月時点では、バイデン大統領が続投するのか、それともトランプ前大統領が返り咲くのか、まだわからない。しかし、もしトランプ前大統領が選ばれたら米中の貿易対立が一段と強まるし、日本に対しても米国に頼らないで自国で防衛しろという圧力が米政府からかかるだろう。

ただ、個人的には、米国経済がまだ強いことからトランプ氏は難しい戦いを強いられると思う。過去のケースで見ると、現職の大統領は有利で、選挙の半年前までに米経済が景気後退に入っていない限り現職が勝利する。一方で、今回、景気後退はないものの、インフレに対する不満が強いためバイデン大統領の勝利も確定的ではない。

いずれにせよ、２０２４年11月に世界の大きな転換点が訪れる。そのことだけは確実だ。

PART2

世界の地政学リスクを読み解く

地政学リスクを読み解くには歴史宗教学的観点が必要

今後の世界経済、マネーの未来に多大な影響を及ぼす「地政学リスク」を読み解くための視点は2つある。

一つはパワーポリティクスだ。日本語では「権力政治」「武力政治」などと訳される。権力の獲得や拡大、維持が政治行動の規範になるという考え方だ。

ロシアや中国の行動を見ていると、パワーポリティクスという言葉の意味がよくわかるだろう。国際協調は二の次であり、「国益」の名のもとに自国の利益を優先し、核兵器の保有や軍事攻撃、恫喝《どうかつ》外交、国境地帯への軍隊の派遣、さらには関税障壁や経済制裁などを行っている。ロシアによるウクライナ侵攻、中国による版図の拡大などは、まさに典型的なケースだ。

そして、もう一つの視点が、歴史宗教学的な観点である。これが恐らく日本人に最も欠けているもので、パワーポリティクスの原理はある程度、理解していると思われるが、この歴史宗教学的観点になると、とたんに弱くなる。

日本の場合、古来、「八百万《やおよろず》の神」といって、無限に近い神の存在を受け入れてきたからか、キリスト教やイスラム教のような、一神教同士の争いごとに対して、きわめてナイーブな面がある。

一神教は、ともすれば他の宗教を認めず、排他性を強める傾向があり、それが高じて戦争を繰り広げることすらある。ゆえに、地政学リスクを紐《ひも》解くためには、その裏側にある歴史宗教学的な観点が絶対に必要なのだ。

歴史といっても、なにも古代ローマ時代まで遡《さかのぼ》り、その滅亡を招いたキリスト教とイスラム教の対立まで振り返る必要はない。１９７０年代以降の歴史を把握しておけば十分だろう。

ただ、その視点がなければ、今、中東やヨーロッパで何が起こっているのかを真に理解することはできない。ウクライナとロシア、イスラエルとハマスの衝突も、根底には歴史宗教学的な要素が入り込んでいる。

米国と中東3カ国の根深い遺恨

中でもイスラエルとハマスの間で生じている軍事衝突は、これから米国と中国の間で激化するであろう地政学的対立の行方を占ううえで、きわめて重要な意味を持っている。米中新冷戦において、両国がどの国を味方にするのか、あるいは仮想敵にするのかが浮き彫りにされてくるからだ。

少し時間を遡ってみよう。

今ではきわめてシリアスな対立状態にある米国とイラン、イラク、アフガニスタンは、かつては米国と親密な関係にあった。

たとえばイランは、北方に旧ソビエト連邦の脅威があったため、旧ソ連を牽制《けんせい》するためにも米国の存在が必要だった。そのため、米国はイランへの援助と引き換えに、民族主義者だったモサデクを失脚させ、皇帝（シャー）であるパーレビ国王をまつり上げて、イランに米国の傀儡《かいらい》政権を樹立させた。

また、1979年に旧ソ連がアフガニスタンに侵攻したことを機に、米国は旧ソ連に対抗するため、ムジャヒディンというイスラム戦士を育成した。一時は親米だったイランが後年、反米意識を強めた時は、そのイランを牽制するため、独裁者であるフセインが率いるイラクを軍事支援したこともある。

このように、今は米国と対立関係にあるイスラム諸国だが、かつては米国と親密な関係を持っていた時期もあったのだ。その根底にあったのは、「旧ソ連=社会主義国家」の影響力を抑止するという目的だった。

社会主義が発展し世の中が豊かになると、階級が完全になくなり、人々が共同で財産を管理する社会になる。その社会では争いごとがなくなり、政府さえも必要なくなる――。これが共産主義の考え方だ。

つまり共産主義は社会主義の最終形態といってもいいわけだが、現実社会において共産主義を実現し、維持できた国は一つもない。

話が逸《そ》れたが、共産主義国家においては宗教も否定される。つまりイスラム教の国々にとって、社会主義国家はいずれ敵になるから、米国と組むべきだというロジックで、米国はイスラム教の国々に近づいていったのである。

しかし、1991年末に旧ソ連から複数の共和国が離脱し、中央集権体制が崩壊。実質的にソビエト連邦が消滅したことにより、米国とイスラム諸国との間に不協和音が生じてきた。

米国としては、世界の社会主義化を極力防ぐために、イスラム諸国と手を組んできたものの、仇敵である旧ソ連が崩壊し、冷戦構造が消滅した以上、その必要性が大きく薄らいだ。

冷戦体制が消滅する以前から、中東における米国の立場は微妙だった。米国が中東に築いた石油利権で莫大な利益を得る中、1971年にはリビアのカダフィ大佐が石油会社の国有化を宣言。1979年にはイランでイスラム革命が勃発《ぼっぱつ》し、米国の傀儡とされたパーレビ国王は、エジプトへの亡命を余儀《よぎ》なくされた。

さらに、反米意識を高めるイランへの対抗馬として、米国はイラクを軍事支援したものの、軍事強国となったイラクは1990年、石油価格を巡るいざこざからクウェートに軍事侵攻した。

この時期、イラクのフセイン大統領は、原油価格の下落で財政的に窮地に立たされる中、クウェートから借款《しゃっかん》の返済を要請されたのは、その裏側に米国やイスラエルの陰謀があると考えるようになったとされている。こうして1991年1月に、湾岸戦争が幕を開けた。

ちなみに、アフガニスタンに侵攻した旧ソ連に抵抗するため、米国はムジャヒディン戦士を育成したが、そのムジャヒディン戦士の一人が、2001年に米国同時多発テロを主導したとされる、アルカーイダのウサマ・ビン・ラーディンである。

米国のアキレス腱「イスラエル」

もう少し時間を戻そう。旧ソ連が非常に強い軍事的プレゼンスを持っていた時代——1960年代から1970年代がそれに該当する時期と考えられるが、1948年以降、1970年代にかけて4度にわたって勃発した中東戦争において、イスラエルと対立したイスラム諸国を軍事的に支援したのが、旧ソ連だった。

当時のイスラム諸国にとっては、強い軍事力を持った旧ソ連が裏に控えていたからこそ、1973年の「第四次中東戦争」において、アラブの産油国は原油価格を4倍近くまで引き上げると共に、イスラエル寄りの国には石油の輸出を停止、もしくは制限することを宣言できたのだ。これが第一次石油危機である。

米国は、イスラエル建国時から、イスラエル寄りのスタンスを維持してきた。イスラエルの独立と建国が宣言されたのは１９４８年のことだが、その当時、米国大統領だったトルーマンは、世界に先駆けてイスラエルを国家として承認した。

あるいはケネディ大統領は、イスラエルを「特別な関係」とまで言った。そして冷戦時代を通じて、米国はアラブ諸国に接近した旧ソ連に対抗するため、民主主義を掲げているイスラエルに対し、軍事支援や財政支援を行ったのだ。

米国のイスラエル支援は一貫していて、それこそ大統領が誰になったとしても、政権党が民主党、共和党のいずれになったとしても、まったく変わらない。それは今もそうだ。

なぜなら、米国には大勢のユダヤ系国民がおり、さらに米国のクリスチャンの中には、イスラエルに対して強いシンパシーを持つ人たちが多いからだ。

そして、米国がイスラエルとの関係性を強めれば強めるほど、イスラム諸国との対立は深まることになるのだが、当時の米国にとって、それは大きな問題とは見なされていなかった。

ところが、米国にとって、そう悠長なことを言っていられない新しいパワーバランスが生まれてきた。中国である。

今やイスラム諸国にとって中国の存在は非常に大きい。石油を大量に購入してくれるだけでなく、投資もしてくれるし、さまざまな財政的支援も行ってくれる。さらに技術も供与してくれる。

イスラム諸国にとって、中国は非常に強いパートナーになりうるのだ。そして、これは中国と新冷戦状態に突入している米国にとって、きわめて都合が悪い状況と言ってもいい。

そのため、米国は今、イスラム諸国を味方に付けようと躍起《やっき》になっている。かつて旧ソ連に対抗するため、イスラム諸国に対して、宗教を認めない社会主義国家は敵だから共闘しようと持ち掛けた米国が、今度は中国を共通の敵だと言って、イスラム諸国と手を握りたがっている。だから、新疆《しんきょう》ウイグル自治区で中国が行っているさまざまな弾圧を、米国はジェノサイドと認定しているのだ。

新疆ウイグル自治区に住むウイグル人は、その大半がスンニ派のイスラム教徒だ。したがって、中東のイスラム諸国は、本当なら米国と共闘して、中国に文句を言わなければならない立場にある。

しかし、現実問題としてイスラム諸国は、反中国で立ち上がらない。それは、米国がイスラエルを支援しているからだ。

現在、イスラエルはハマスと戦争状態にあるが、イスラエルvs.パレスチナの問題について、米国がイスラエルを支持する立場を変えない限り、中東イスラム諸国は、中国が新疆ウイグル自治区で、いかに酷い虐殺行為を行っているかを米国が主張したとしても、米国側につくことはない。そのくらい現在の米国は、イスラム諸国の中で信用されていないのだ。

2023年10月7日、ハマスとパレスチナ過激派組織が、イスラエルに対して少なくとも3000発のロケット弾を発射し、約3000人のテロリストが越境してイスラエルを攻撃したことから戦争状態に突入したが、これは新冷戦という非常に大きな枠組みで見ると、中国とロシアにとってきわめて有利な出来事だったといってもよさそうだ。

というのも、この一件により、世界の目はウクライナとロシアの戦争から、イスラエルとハマスの戦争に移る可能性が高いからだ。

そして、中国からすれば、イスラム世界における反米感情の強さを再確認することになった。

さらに言えば、米国にとってはウクライナに続き、中東でも戦線が開いたことになる。その結果、米国が東アジアに割くことのできる軍事力が削がれることとなった。

いくら米国が世界で最強の軍事力を持っているといっても、ウクライナ、中東、そして東アジアの三極で軍事力を展開するのは、どう考えても無理がある。その意味においても、イスラエルとハマスの戦争は、新冷戦における米国にとっては、かなり大きなダメージだと考えられる。

そして、日本はまずこの点をしっかり理解しておかなければならない。結局、米国が中国と新冷戦を戦ううえでは、イスラム世界を味方に付けなければならないのだ。逆に言えば、米国がイスラム世界を味方に付けない限り、新冷戦で中国と戦うには、かなりの苦戦を強いられるということでもある。

イスラム世界にとっての最大の脅威はイスラム主義

イスラム世界で何が起きているのか、少し掘り下げてみよう。

「ポリティカル・イスラム（政治的イスラム）」という言葉をご存じだろうか。これはイスラム教に対する信仰心を、政治目的に利用することである。

日本はもちろん、米国や自由主義を採る欧州各国は、「政教分離の原則」を採用している。

つまり、国家と宗教を切り離して考えるべきという原則のことだが、なぜ国家と宗教を切り離さなければならないのかというと、信教の自由を保証することや民主主義を擁立すること、国家の堕落を防止することなどが考えられる。

政教分離の対義語は「政教一致」になるだろうか。

政教一致のもとで運営される国家においては、国が特定の宗教と結びつく形になるため、信教の自由は保証されなくなり、他の宗教に対する差別も生まれかねない。

また宗教は、絶対的な価値観によって成り立っている。イスラム教でいえば、唯一神アラーと神の意思を伝える使徒であるムハンマドが絶対的な存在と位置づけられる。

しかし、民主主義は相対的価値観で成り立つため、民主主義社会を標榜《ひょうぼう》する以上、政教一致が採られると、宗教上の価値観と民主主義の価値観が一致せず、社会的混乱を招く恐れがある。

そして国家が宗教の教えに基づいて運営されるようになると、政治に宗教上の判断が介入することになり、正しい政治判断を下せなくなる恐れが生じてくる。これは国家の堕落につながっていく。

こうしたことから、民主主義国家においては政教分離の原則を採用するのが普通なのだが、ポリティカル・イスラムは、この政教分離政策とは真逆のことをやろうとしているだけに、危険な思想ともいえるだろう。

ポリティカル・イスラムで誰が得をする？

ポリティカル・イスラムの厄介なところは、イスラム的思想のもと、政治闘争によって政権を奪取するという考え方が浸透していることだ。

ポリティカル・イスラムの思想は、20世紀前半にエジプトで生まれた非合法的組織であるムスリム同胞団の結成から始まり、イスラム教に基づく宗教国家である「イスラム国家」の樹立を目指す政治組織になっていった。

その勢いはエジプト国内で大きく広まることにとどまらず、周辺のアラブ諸国にも広がっていった。

たとえばトルコの公正発展党や、まさに今、イスラエルと戦争状態にあるハマスも、根は同じである。そして、このムスリム同胞団が、20世紀から21世紀にかけて、世界中でさまざまなテロ活動を展開した「イスラム原理主義」の源流になったのだ。

ちなみにトルコでは、現職のエルドアン大統領が「新オスマン主義」のもと、ムスリム同胞団を支持しており、民主主義を捨て、独裁主義に走っているように見受けられる。

このように、ポリティカル・イスラムは政教一致主義のもと、ともすれば独裁主義に陥《おちい》りがちな側面を持つだけに、きわめて厄介なのは事実である。

では、ポリティカル・イスラムの存在は、イスラム諸国にとって歓迎されるべきものなのだろうか。

この点については正直なところ、歓迎されるべきだとは思えない。むしろポリティカル・イスラムは、イスラム諸国に対立と分断をもたらしていると思う。

私に言わせれば、エジプトやサウジアラビア、UAE（アラブ首長国連邦）、オマーン、カタール、クウェート、バーレーンなど、どこでもいいのだが、こうしたイスラム諸国の中で、イスラム人にとって一番過ごしやすい国はどこかといえば、実はイスラエルなのである。

イスラエルの人口は955万人で、1000万人を少し割る程度だが、このうち18％がイスラム教徒である。イスラム教徒といえどもイスラエル国民なので、この人たちはほかのどのイスラム諸国よりも、自由が保証されている。個人の権利もしっかり認められている。なぜなら、イスラエルはれっきとした民主主義国家だからだ。正直、ポリティカル・イスラムは民主主義の敵といってもいい。

ハマスは、パレスチナ・ガザ地区を実効支配する武装組織で、イスラエルの破壊とイスラム国家の樹立を目標に掲げている。2007年にガザ地区を掌握してから、幾度となくイスラエルに向けてロケット弾を発射し、さまざまな手段でイスラエル人を殺害してきた。

そのため治安対策の意味もあり、イスラエルはエジプトと共同でガザ地区を封鎖してきた。結果、ガザ地区は「天井のない監獄」ともいわれており、50％以上の人々が貧困状態にあるとされる。

迷惑なのは、ガザ地区で生活する普通の人々だ。イスラエルとエジプトによる封鎖で、生活の困窮の度合いはますます酷くなるだけでなく、ハマスの存在によって彼らも、イスラエルからの攻撃にさらされることになったことはご存じの通りだ。

結局のところ、イスラム国家の樹立を目指しているハマスの拠り所である、ポリティカル・イスラムは悪だと断言できる。

日本にも迫る脅威

前述したように、米中新冷戦の中で米国が中国に対して優位に立つには、イスラム諸国の支持が必要になる。

しかし、イスラエルを支持する米国は、イスラム諸国を味方に付けることができない。そうなると、中東における米国のプレゼンスは大幅に後退し、中国の存在感がきわめて大きいものになる。

中東から遠く離れた地にある日本も、その状況と無関係ではいられない。日本人も、イスラエルとハマスの戦争に関する、これまで述べたような歴史宗教学的観点を意識しなければならない。それは、回り回って日本の国家安全保障に及ぼす影響が大きいと考えられるからである。

米国がイスラエルとの関係を維持したがために、今後、中東でのプレゼンスを失った場合に日本が直面する大きなリスクは2つある。

一つはエネルギー安全保障の問題だ。このリスクはきわめて高い。経済産業省の公開資料である「石油統計」によると、2022年の原油輸入元と輸入量は、サウジアラビアが6037万キロリットル、UAEが6020万キロリットルで、この二国が圧倒的な量を占めている。

以下、クウェートの1282万キロリットル、カタールの1158万キロリットル、エクアドルの297万キロリットル、ロシアの206万キロリットル、バーレーンの203万キロリットル、オマーンの178万キロリットルと続き、全体に占める中東依存度は94・1%にも達している。

もし、米中新冷戦がきわめてシリアスな状況になった時、中国が影響力を使い、何らかの形で日本への原油輸出に制限をかけさせたり、南シナ海を通っている日本向けのタンカーをハラスメントしたりする事態になったら、日本はあっという間に干上がってしまうだろう。

第四次中東戦争の時も、日本は米国や西側欧州諸国と同様、イスラエルを支持している国の一つと思われ、アラブ諸国から石油輸出を禁止する対象国にされてしまった。それがきっかけで第一次オイルショックが起こり、狂乱物価によって、日本は戦後の高度経済成長に終止符を打つことになったのだ。

もう一つのリスクは、日本が中国の軍事的脅威にさらされることである。イスラエルとハマスの戦争に見られるように、中東地域は一触即発の状態にある。それが続く限り、米国は直接的な軍事介入とまではいかないまでも、常時、中東に気を配り続ける必要性が生じてくる。

このような状況が続くと、米国は一定の軍事的オプションを中東に対して持たなければならなくなる。そして、それは同時に、東アジアに展開している米国の軍事力を削《そ》ぐことにつながっていく。

確かに米国は日本の同盟国であり、今のところは、日本が中国や北朝鮮から何らかの軍事的な介入を受けた時は、米国軍の支援が得られる。恐らく多くの日本人は、そのように期待しているだろう。だが、果たしてそこまで米国が日本を守ってくれるだろうか。

現時点では、まだ米大統領選挙の情勢は見えてこないが、トランプ前大統領が2024年11月の選挙で勝利を収め、米大統領職に返り咲く「もしトラ」が実現した時、トランプ前大統領は東アジアにおける覇権をどのように考えるのか。場合によっては東アジアから手を引くことだって、十分に起こりうる話だ。

もし、中国がアジアの盟主として君臨するような事態になった場合、日本はどういう道を歩めばいいのか。

中国の反日感情はきわめて根深い。そのような国が東アジアの地域覇権を握るようなことが起こった時、日本は今のような民主主義を維持できるのか。この点はくれぐれも慎重に考える必要がある。中国の地域覇権に組み込まれたくないとしたら、残された道は軍備増強だ。

日本では増税を伴う防衛費の増額に反対する一定の勢力があるようだが、もはやそのような悠長なことを言っていられる地政学的情勢ではないことを、日本国民一人一人がしっかり胸に刻み込んでおく必要がある。

狙われるフィリピン

経済力をつけた中国が今、虎視眈々《こしたんたん》と狙っているのが海洋進出である。

まずは次頁の地図を見てもらいたい。南シナ海と太平洋、日本や台湾、フィリピン、ベトナム、そして中国が示された地図だが、普段、見慣れたものと違うことに気づかれたと思う。

そう、逆さ地図になっているのだ。日本の外務省や防衛省が、東アジア情勢について分

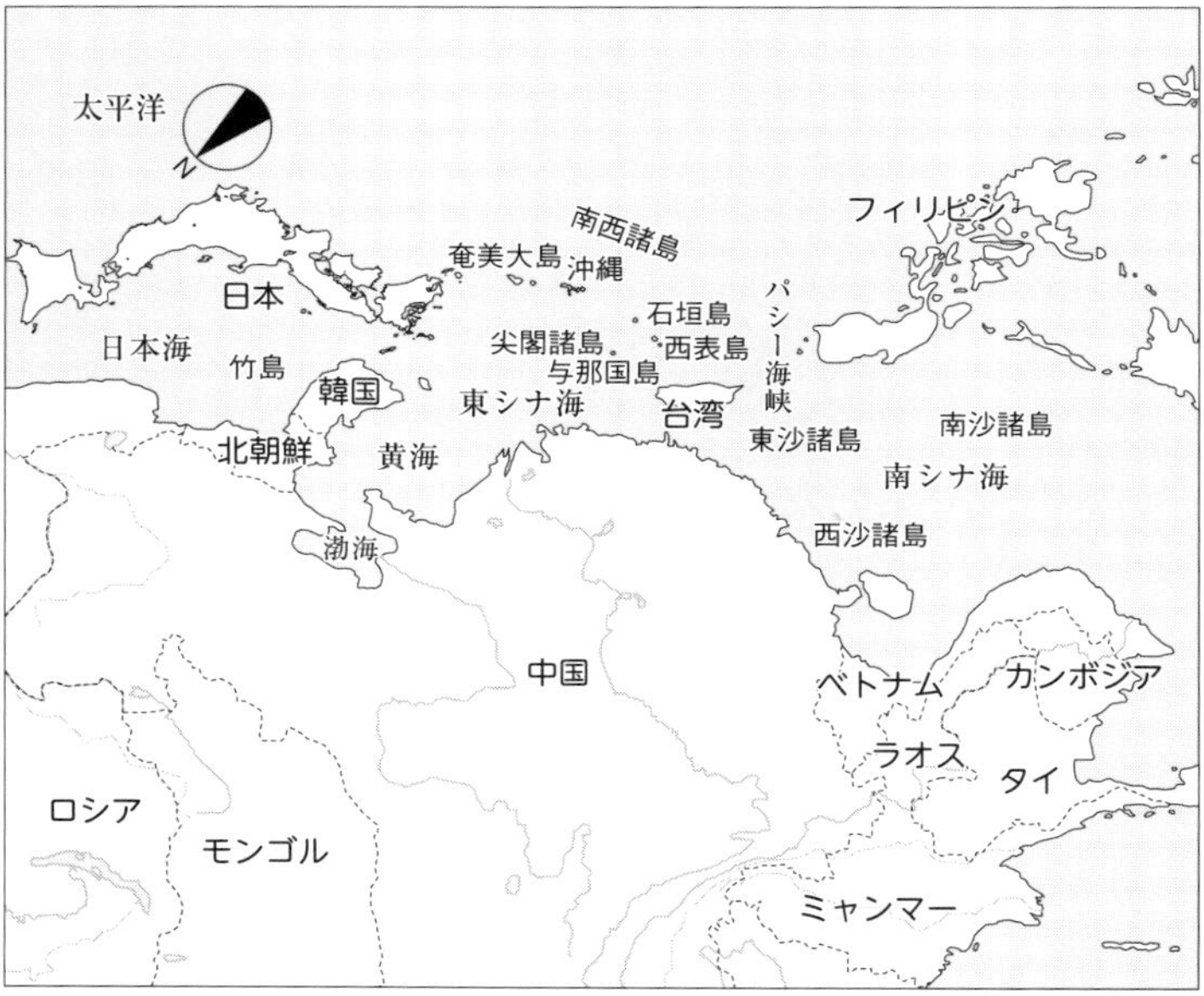

析・検証をする場合、こうした地図が用いられるという。この地図を眺めていると、中国の海洋進出に関する意図が、よく理解できる。

　中国はこの地図上に2つの線を引いた。日本列島、台湾、フィリピン、南シナ海に至る「第一列島線」、そして日本列島から小笠原諸島、グアムを結ぶ「第二列島線」を引き、そこから内側に外国の勢力が入ってこないようにしているのだ。

　ちなみに、この列島線は中国が勝手に引いているものであって、この線内にあるほかの国の考えや

■中国が引いた「第一列島線」「第二列島線」

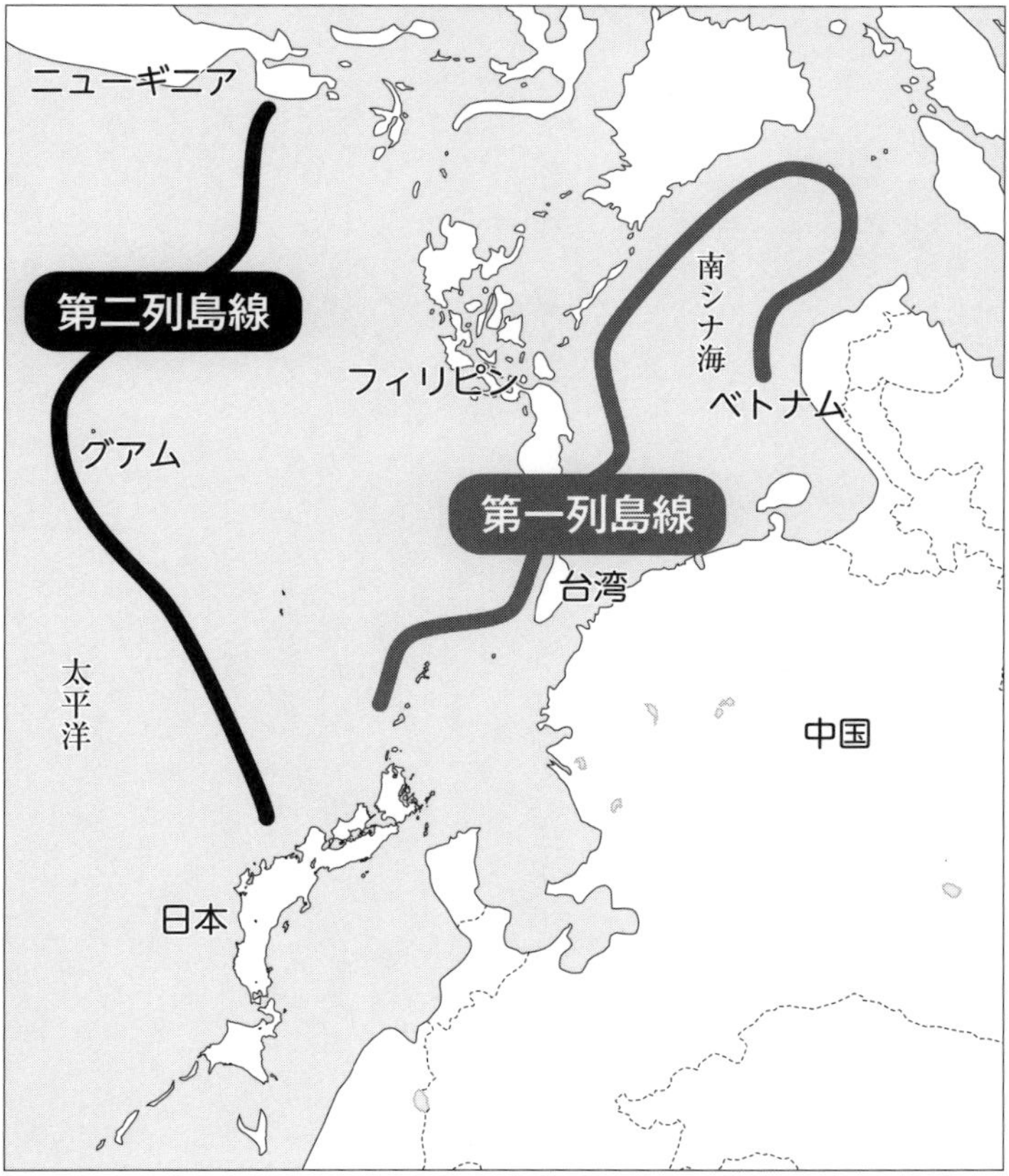

事情は、一切考慮していないことは言うまでもない。きわめて身勝手な話といっていいだろう。

中国が「外国勢力が入ってこないように」と考えるのは結構だが、逆に、中国が海洋進出、とくに太平洋に出ていくにあたって、この2つの線、とりわけ第一列島線にあるものは、目の上のたんこぶになっているのも事実だ。日本、台湾、フィリピンを結んだ第一列島線から外に、中国の海軍が出ていくことも、また難しいのである。

米国から見れば、中国による太平洋進出を、日本と台湾、フィリピンがゲートキーパーとなって防いでいるようにも見える。

では、中国がこの第一列島線を越えて外洋に出られるようにするためには、どうすればいいのか。

日本を相手に戦うのは、中国にとってもいささか分が悪いだろう。もし日本に対して本気で戦闘を仕掛けるようなことがあれば、少なくとも現在の日米安全保障条約が機能している限り、日本の自衛隊に加え、米国軍も黙ってはいない。日米を相手に戦闘を行う事態は、中国の人民解放軍といえども、恐らく望んではいないだろう。

それは台湾に対しても同様だ。台湾も決して弱くはない軍隊を持っているし、その背後には米国が控えている。

そうなると、日本、台湾、フィリピンのうち、最も突きやすいのはフィリピンということになる。昨今、南シナ海の係争海域をめぐり、中国海警局の船とフィリピン沿岸警備隊の衝突や放水による損傷といったニュースが増えている。それはこのような背景も影響しているのだ。

1980年代、フィリピンには1万5000人の米兵が駐留し、クラーク空軍基地とスービック海軍基地という、アジアで最大の米軍基地が2つも置かれていた。

1990年代になると、ベトナム戦争は昔話になり、冷戦も終結した。その頃、中国の勢力はまだ今のように強力なものではなく、懸念しなければならないほどの存在感はなかった。

米軍は、1992年にフィリピンの軍事拠点から撤収した。しかし、それから30年あまりの時間が経過する中で、フィリピンを取り巻く環境は大きく変わった。

中国はこの30年間で強大な勢力となり、2014年以降、中国は南シナ海に、10カ所以上の人工島をつくった。そのうちの一つであるミスチーフ礁《しょう》は、フィリピンの排他的経済水域（EEZ）内にある。フィリピンにとって中国は、まさに「そこにある危機」となっているのだ。

そして、この状況はフィリピンにとって、危機であるのと同時に、実はチャンスでもある。

まず、米国との軍事的なつながりが強まった。2023年2月、米国はフィリピンで新しく、4カ所の軍事基地の使用権を得たのである。

台湾にきわめて近いところにあるカガヤン、イサベラ、中国が実効支配しようとしたスカボロー礁に近いサンバレス、そして中国が領有権を主張している南沙（スプラトリー）諸島に近いパラワンの4カ所だ。ここに米軍が駐留して、東アジアの火薬庫になりつつある場所に目を光らせている。

フィリピンは、かつて米国の植民地だった。とはいえ、当時フィリピンは米国にとって、それほど重要な場所ではなかったのも事実で、冷戦時代においても、大きな米軍基地が2つもあったとはいえ、米国が積極的に投資を行って経済を成長させるような入れ込み方は一切していない。

しかし、これからは事情が違ってくる。前述したように、米国はフィリピンを重要な軍事拠点と考えるようになり、今後は経済面も含めて、フィリピンを積極的に経済発展させようとするはずだ。

それは第二次世界大戦後、社会主義が世界的に広まることを懸念した米国が、旧ソ連への牽制として、日本に積極的な経済支援を行い、日本経済を世界でも類を見ないほどの経済大国に成長させたのと同じだ。

その点で、フィリピンも日本と同様、今回の米中新冷戦下において、さまざまな形で米国からのサポートを受け、経済的に大きく成長するチャンスを摑《つか》んでいる可能性は高い。

デカップリングで恩恵を受けるベトナム

米国からの経済的支援を享受して、成長期待が高まっている国は、フィリピンのほかにもある。ベトナムだ。

ただしベトナムの場合は、フィリピンほどきな臭い話ではない。根底にあるのは米中新冷戦の影響だが、こちらはデカップリングに絡《から》んだ話だ。

現在、ベトナムはMSCIのレーティングでフロンティア市場に位置づけられているが、今、国を挙げて、格付けをエマージング市場にしようと頑張っている最中だ。フロンティア市場からエマージング市場に格上げされれば、恐らくベトナムの株式市場に、物凄い勢いでグローバルマネーが殺到するのではないかと見ている。

ベトナムの問題点は、ドイモイ政策によって市場経済を導入してはいるものの、根本的には社会主義国家であるという点だ。

これは社会主義国家全般にいえることだが、汚職の問題が結構大きい。過日、ベトナム中央銀行を介した銀行の横領事件があり、なんとベトナムのＧＤＰの７％にも相当する、2兆円ほどの資金が横領されていたことが判明した。その手の不透明感は否めないが、近い将来、フロンティア市場からエマージング市場に格上げされた時のポテンシャルの高さには期待したいところがある。

また、ベトナムにとって外交上重要な国として、昔からロシアが最上位にあり、それと同じところに、社会主義国である中国が入っているが、実は近年、米国のステータスが引き上げられ、ロシアや中国とほぼ同じ位置づけになってきた。それだけ、ベトナムにとっては米国の存在が大きくなってきたということだ。

とくに米国は、デカップリングで中国をグローバルサプライチェーンから外した時の代替地として、ベトナムを重視しているように思える。米国の半導体企業などは、ベトナムに研究センターをつくったりもしているのだ。

現在のベトナムは人口が多く、人口構成で見ても若い世代の人口比が非常に高い。高度経済成長期の日本と同じような感じだ。インフラも整っているし、なによりも労働コストがまだ安い。

一人あたりGDPは、今のところ4000ドル程度。だから、まだプライベートな交通手段といえばバイクが中心だが、一人あたりGDPが1万ドルを超えてくると、自動車が一気に普及し始める。まさにそこへ向かって経済成長を続けている。

米国がデカップリング政策によって本格的に中国を切り離せば、次の注目国はベトナムになるだろう。

「迂回先」として存在感を高めるメキシコ

さて、ここまで米中新冷戦と、それに関連の深い地域ということで、東アジア、中東を中心に地政学リスクを考えてきたが、少し場所を変えてみたい。中南米は、果たして米中新冷戦の影響を受けるのか。

地理的には中国からきわめて遠く、領土・領海問題とは無縁の地だ。

ただ、中南米はその名の通り、米国とは地続きの関係にある。そのため、経済的には米国にきわめて近い。

まずメキシコだ。米国にとっては隣国であり、１８４６年から１８４８年にかけて、テキサスの帰属をめぐって両国は戦争を行った。ちなみに今のカリフォルニア州はもともとメキシコの領土だったが、この戦争で米国が勝利を収めたことにより、米国の領土になった。

このような歴史を経て、今は米国・メキシコ・カナダ協定（ＵＳＭＣＡ）が締結されている。これは、米国、メキシコ、カナダの間で結ばれている自由貿易協定だ。この協定の元は、１９９４年に発効した北米自由貿易協定（ＮＡＦＴＡ）であり、この協定締結はメキシコにとって追い風になると思われていたが、現状、実際にそのようになっている。

また、メキシコ系の人たちは米国内において一定規模のコミュニティを有している。そのため、米国において強いコネクションを持っており、ビジネスがしやすい環境にあるのも事実だ。

そのうえ、前述したように米国と地続きなので、交易品を船舶で運ぶ必要もない。こうした経済面における米国とのつながりの強さは、メキシコ経済にとって大きな強みになるだろう。

また、米中のデカップリングが行われた場合でも、メキシコにとっては経済的にむしろポジティブな材料が生じてくる。というのも、中国が米国との直接的な貿易取引が困難な状況になった場合は、迂回《うかい》先を使った貿易を行うからだ。

その迂回先として、メキシコが選ばれる可能性が非常に高い。つまり米国との直接貿易ができなくても、メキシコが中国との貿易を禁止しない限りは、メキシコが輸入した米国製品、素材、原材料などを、中国に輸出することもできるし、逆もしかりである。また、中国企業がメキシコに工場を建てて米国の対中関税を避けることも可能である。この迂回先には、日本が含まれる可能性も当然のことながらある。

昨今、グローバルサプライチェーンの見直しによって、米国の製造企業が生産拠点を米国国内に引き戻そうとする動きがあるが、ここでの問題は米国でモノを製造すると、労働コストがきわめて高くなる、ということだ。

さらに言うと、米国国内でモノをつくる場合、環境配慮をはじめとしてさまざまな厳しい規制がつきまとう。その点においても、規制が緩《ゆる》いメキシコに生産拠点を設けるという可能性が、高まってくると思われる。

唯一、メキシコの弱点は、これまで麻薬カルテルの力が非常に強かったことだった。

かつて中南米の麻薬カルテルといえば、コロンビアのメデジン・カルテルと、カリ・カルテルが二大カルテルだったが、米国のＤＥＡ（麻薬取締局）やコロンビア政府によって解体されると、今度はメキシコの麻薬カルテルが台頭してきた。

メキシコ国内では麻薬戦争というに相応《ふさわ》しいような状況となり、イメージが悪化。それがメキシコへの企業進出を阻《はば》んできたところはあるが、ここに来て経済的に豊かになる中で、麻薬や密輸といった違法なビジネスの影響力が徐々に削がれつつある。

これはある意味、資本主義の力といってもいいだろう。経済的な豊かさが高まると、政府も強くなり、マフィアなど違法ビジネスに手を染めている連中をどんどん潰《つぶ》していけるようになる。今のメキシコは、まさにその段階まできているのだ。

かつて中南米といえば、反米感情が非常に強く、そのため左翼ポピュリズムが勢力を広げていたが、その流れも変わってきた。

2023年12月10日、アルゼンチンの大統領選挙で選出されたハビエル・ヘラルド・ミレイ氏が大統領に就任したのも、大きな変化の一つといっていいだろう。

ミレイ大統領は、アルゼンチン中央銀行を廃止して、米ドルをアルゼンチンの法定通貨にする、などの過激発言で知られており、実際に今後、アルゼンチンを立て直せるかどうかは、まだまだ未知数だ。だが、結果的にこれまでの社会主義的な経済運営は、ばら撒きを増やすだけで何の解決にもなっていなかっただけに、反米的なスタンスに対する限界を実感している人が増えていると考えられる。

反米感情が強いという点で、中南米諸国が中国にからめ捕られてしまうリスクはなきにしもあらずだが、今回のアルゼンチン大統領選挙の結果は、中南米諸国の反米感情を変えるきっかけの一つになる可能性を秘めている。

ロシアとウクライナの戦争はいつ終わる？

ロシアとウクライナの戦争の行方についても考えてみたい。

2024年4月時点で、戦局は大きく動いておらず、消耗戦の様相を呈している。米国や欧州など西側諸国のバックアップを受けたウクライナの反撃により、ロシア側に多大な数の犠牲者が出たものの、欧米の軍事支援が減少すると今度はロシアが反撃に出て優位な立場になった。とくにロシアという国を甘く見ないほうがいい。

第二次世界大戦で、旧ソ連とドイツは約4年にも及ぶ大激戦を繰り返した。この独ソ戦を「史上最悪の戦争」と言う人もいるくらいで、軍人、民間人を合わせた死者数は3000万人に達したともいわれている。

この独ソ戦において、ソ連は当初、ドイツからの攻撃に押され続けたものの、途中からはドイツの戦略を把握し、それに合わせて対策を講じるようになった。１９４３年のスターリングラードの戦いにおけるソ連軍の勝利が、独ソ戦の流れを大きく変えるきっかけとなり、最終的には旧ソ連の勝利となった。

このように、最初は局地戦で負けが続いても、最終的な戦争には勝利するのが、旧ソ連の特徴でもある。それが現在のロシアにどの程度受け継がれているのかはわからないが、ウクライナが相手にしている国が、そういう特性を持っていると把握しておくことは大事だろう。

しかも、今のウクライナはロシア本土を直接攻撃する機会が少ない。なぜなら、ウクライナに対し、西側諸国から提供されているさまざまな武器には、ロシア本土を直接攻撃しないという条件が付されているからだ。

逆に、ロシアはその約束があることを知っているからこそ、本土の守りを固めることなく、ウクライナへの攻撃に戦力を集中できるのだ。

ウクライナとしては、片手を縛られた状態でボクシングをしているようなものだが、恐らく欧米各国がウクライナに対して、自分たちが提供している武器でもってロシア本土を攻撃する許可を与えるようになることはない。

その一方で、ロシアが人海戦術を駆使《くし》して一気にウクライナを屈服させられるかというと、実はこれも難しい。

第二次世界大戦の時、旧ソ連側だけで2000万人以上の死者が出ているが、それでも戦争を続けられたのは、子供が5、6人くらいいる家庭が、当時のソ連では当たり前だったからだ。戦場で大勢の戦死者が出たとしても、十分に補充が利いたのだ。だからこそ、人海戦術が可能だったのである。

今のロシアは、子供の数そのものが減少傾向にあり、かつてのように大勢の兵士を戦場に送り続けられるだけの人口的な余力がない。つまり、人海戦術を用いて勝利を収めるなどというシナリオは到底、描けるものではない。

技術的な隔離政策と少数民族問題がロシアの急所

さらに言うと、ロシアにとって厳しいのは、欧米各国による経済制裁だ。とくに欧米各国が持つ、さまざまな技術の面で協力を得られなくなったことが相当に厳しい問題となって、ロシアの眼前に立ちはだかっている。

最近、ロシアの航空会社で航空機事故が多発していることをご存じだろうか。その理由は、西側からパーツが入ってこなくなっているからだ。そのため機体のメンテナンスが満足にできず、航空機事故の多発につながっている。技術面での制裁がボディブローのように効いている、なによりの証拠だ。

恐らく今のロシアにとって、経済制裁よりも大きなダメージにつながるのは、西側諸国が技術面でロシアを隔離してしまうことだろう。

製品、部品のいずれも、在庫を抱えている段階では支障を来《きた》さないが、この先、経済制裁や技術供与の制限が続けば、いずれ何も動かなくなる。パソコンもそうだし、パソコンに搭載されている半導体も同様だ。

一部は中国からの輸入で代替できるものもあるだろうが、その中国も、米国や米国の同盟国から購入した製品、部品を、そのままロシアに横流しできないようになっている。

仮にその禁を破って、中国が米国とその同盟国の製品や部品をロシアに横流しすると、中国も制裁の対象になってしまうのだ。

したがって、ロシアにとってこの戦争が長引くと、技術面がどんどん弱体化してしまう。さらに航空機が墜落することにもなりかねない。

もう一つ、ウクライナとの戦争による大きな問題点は、少数民族の反乱が起こりかねないことだ。

今回のウクライナ侵攻によって、ロシア軍の死傷者数は膨大な数に上っている。英国防省は2024年3月3日、ロシア側の死傷者の総数は35万5000人を超えたとの推定結果を公表している。注目すべきは、この死傷者のうち大部分がロシアの少数民族だという点だ。とくにトルキック系の少数民族やイスラム系民族で、ロシア軍に徴兵された人たちが大勢亡くなっている。

当然、亡くなった人たちと血縁関係にある人たちは、ロシアに対して恨《うら》みを募らせている。それが、いずれかの段階で爆発する恐れがある。

ロシア連邦を構成する主体・共和国の中には少数民族の国もあるので、決して一枚岩ではない。少数民族の共和国で反ロシアの動きがいつ出てこないとも限らないのだ。この点は、これからの戦局を見るうえで、重要なポイントになるといえるだろう。

いずれにしても、ウクライナ、ロシア双方とも、強く攻勢に出られない要素を抱えている。戦局がいずれかに大きく傾き、勝敗が決するには、まだ相当の時間を要するものと考えている。

ロシアにとって最大の脅威は中国？

今回、ウクライナを巡る戦争で、ロシアは欧米諸国の敵という位置づけになったわけだが、欧米諸国は決してロシアの領土が欲しいというわけではない。

ロシアが普通の民主主義国家であり続け、かつ天然ガスや資源などの取引ができるのであれば、パートナーとしての関係を続けてもよいと考えている。恐らく、ロシアがウクライナから手を引けば、現在、欧米各国がロシアに対して行っている経済制裁は比較的簡単に解かれるだろう。

実は、ロシアにとっても、最大の脅威は欧米ＮＡＴＯ諸国ではない。中国なのだ。

まず、中国に大いに不足しているものを、ロシアは豊富に持っている。資本も、技術もふんだんに持っている中国だが、最も足りていないのが水資源だ。これは一人あたりの水資源量ランキングを見てもわかる。

２０１７年時点における国別の一人あたり水資源量は、１位アイスランドの50万７４６

3立方メートルに対し、中国は120位の1971立方メートルしかない。ちなみにロシアのそれは26位で、3万1426立方メートル。日本は96位で3373立方メートルである。中国にとっては、国境を接する隣国ロシアに豊富な水資源が存在していることになる。とくにロシアのバイカル湖は、アジア地域でも有数の巨大な水がめだ。ここを狙ってくる可能性が非常に高い。

これについては中国にも言い分がある。中国は19世紀から20世紀にかけて、欧米諸国や日本に国土を蹂躙《じゅうりん》されたという意識を強く持っている。

そして近年、中国が経済力をつける過程において、かつて奪われたとされる土地を、徐々に自分たちの領土に戻しつつある。香港はイギリスから、マカオはポルトガルから取り戻した。かつて日本に統治されていた領土は、第二次世界大戦が終わった時にすべて中国に返還されている。

ところが、実はロシアに奪われたとされる領土は、まだ取り戻せていないのだ。

具体的には、1858年のロシア帝国と清国との間で結ばれたアイグン条約によって、アムール川（黒龍江）以北をロシア領にすることが決められた。さらに、1860年の北京条約では、沿海州もロシアの領土とされている。この沿海州には、ロシア最大の軍港であるウラジオストクが含まれている。

これまで列強諸国によって奪われてきた領土を回復するべく、中国が本気で動き出せば、ロシアに対してこれらの領土を「返せ」と言ってくる可能性は十分にある。

実際に国境を巡って戦闘が生じた時、中国側には大勢の人がいるのに対し、ロシア側の中国国境付近は辺境の地なので、ほとんど人がいない。つまり、中国が本気で領土奪還に動き出せば、このあたりの国境は簡単に破られる恐れがある。

しかも、中国にとって水資源確保が目的だとするならば、まさに死活問題なので、そう簡単にロシアとの争いから手を引くことはないだろう。また、沿海州を取り戻すということは、中国にとって宿願である海洋進出の大きなきっかけになる。なにしろ沿海州には、ロシア太平洋艦隊の拠点でもある、ロシア最大の軍港ウラジオストクがあるからだ。

もし中国が本気で海洋進出を行うとしたら、方法は2つしかない。一つは第一列島線を突破するか、あるいは沿海州を取り戻すかのいずれかだ。そして、どちらが中国にとって簡単かといえば、沿海州を取り戻すことだと考えられる。

現在、中国はロシア寄りに見せておきながら、ウクライナとの戦争について比較的中立の立場を取っている。見方によっては、実はこの戦争でロシアが弱体化していくのをじっと待っているから、とも考えられる。しかも、ロシアが弱体化すればするほど、中国とし

■ロシアと中国のあいだでくすぶる国境問題

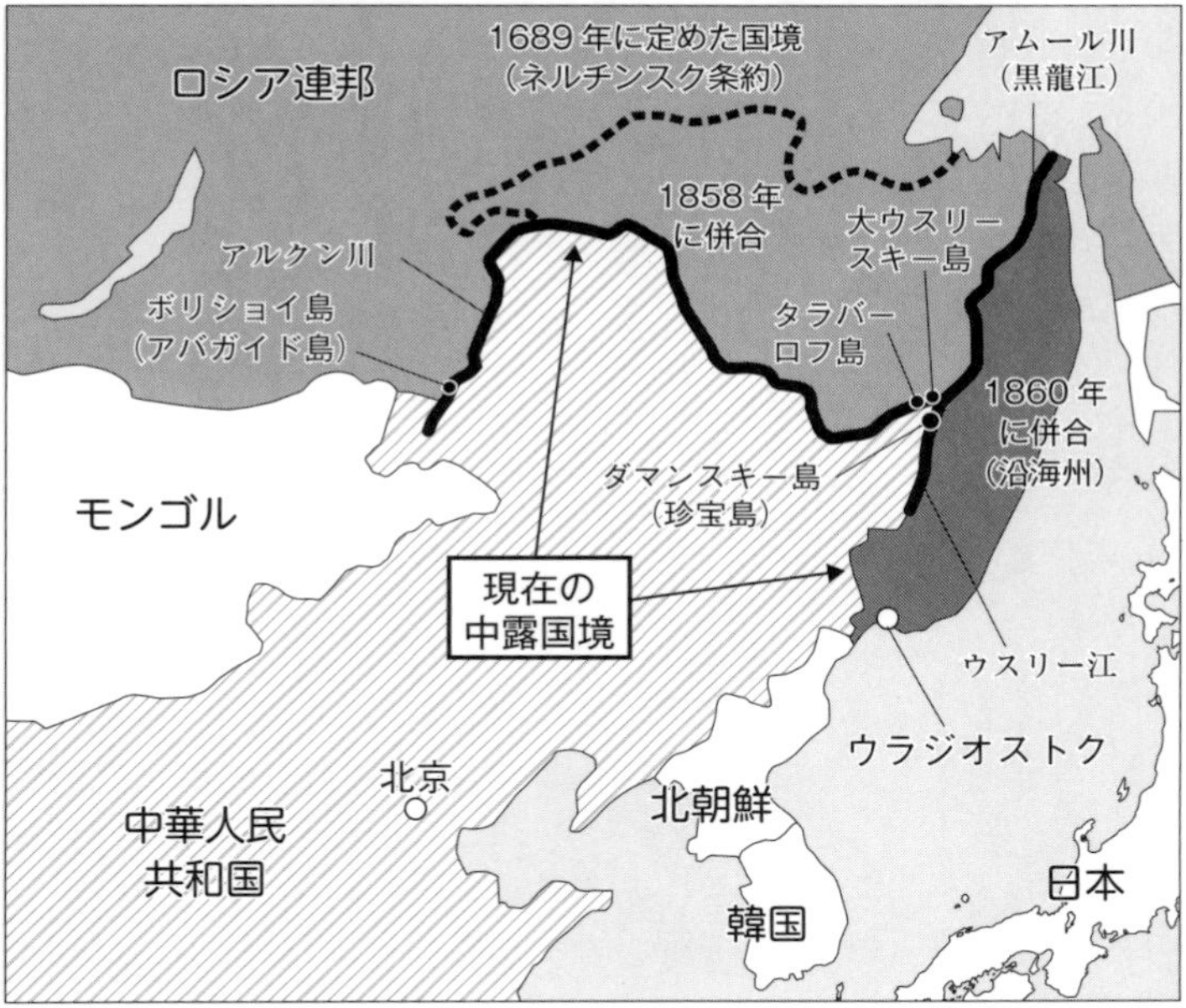

ては国境を越えて、中央アジア諸国に進出するチャンスも得られる。

むしろ、台湾を取り込むよりも先に、ロシアを狙ってくるのではないかとさえ思えるくらいだ。台湾に出ていくためには海を渡らなければならないが、ロシアは地続きで国境を接しているので、中国としては軍隊を送り出しやすい。

中国との国境近辺にはロシアの少数民族が大勢いる。中国が支援して民族の蜂起《ほうき》を促し、そのいざこざの渦中に領土返還を実行するということも、十分に考えられる。

中国とロシアが争うことになったら、日本はどうする？

では、もしも中国とロシアが争うことになった時、欧米や日本はどういう立場になるのだろうか。

ひょっとすると、敵の敵は味方という考え方で、ロシアが急速に欧米諸国へとすり寄ってくる可能性がある。ただ、ロシアが欧米諸国と組むことになったら、中国にはかなりの脅威になる。

また、中国がウラジオストクを自国の軍港にして、太平洋に進出する礎《いしずえ》を築いたら、それこそ日本にとってきわめて大きな脅威になるのは間違いない。その意味においては、日本がロシアを支援することになるかもしれない。

正直、今は経済制裁を巡って完全に対立状態にある、日本を含む欧米諸国とロシアが手を結ぶなどということは、絶対にありえないと考えるのが普通だ。

しかし、外交は綺麗ごとだけで済まされない部分がある。ついさっきまで戦っていた国同士が突如として手を結ぶこともありうる。人類の歴史の中で幾度となく繰り返されてきたことだ。

現状、ロシアはかなり弱体化してきており、恐らく欧米諸国の軍事力を結集させれば、簡単にロシアを屈服させられるかもしれないが、現実的にそれを行う気配は、どこからも感じられない。

これはあくまでも私の想像の域を出ない話ではあるが、もしロシアが空中分解した時、最も大きな利を手にするのが中国であることを、欧米先進国はわかっているのかもしれない。世界は、「ロシアは欧米や日本にとって敵である。なぜなら民主主義を掲げているウクライナに侵攻したからだ」という単純な話ではなく、きわめてダイナミックに動いているのである。

中東で注目されるサウジアラビアとイラン

親中反米色の強い中東イスラム諸国だが、興味深い国もある。サウジアラビアとイランだ。

いずれの国も、人口構成で見ると若い人たちがとても多く、Zジェネレーション、ミレニアル世代が社会の中核を成そうとしている。

サウジアラビアは王国だし、イランはホメイニ師によるイスラム革命後は、宗教独裁的な国になったように見えるが、両国とも北朝鮮ほどには情報統制が行われていない。とくにインターネット環境が整った社会で育ってきた若者たちは、世界とのつながりも強い。この世代の人たちが持っている変化に対する期待、要望が、この二国を大きく変えていくのではないかと考えている。

中でもイランは、イスラム原理主義的な考え方がきわめて強く、イスラム革命から45年が経過したにもかかわらず、ホメイニ師のもとで構築された社会システムは、何一つとしてイランの国民たちに豊かさをもたらさないまま、今に至っている。インフレ率は高く、失業率も高いままだ。だから今でも時折、大規模なデモが繰り返されている。

そもそも革命の歴史を持っている国なので、人々の間で「現状を変えなければ」という意識が強まれば、大きく変わる可能性がある。

サウジアラビアも、若者が多いという点ではイランと同じだ。

この国はこれまで豊富な石油資源を持っていたため、ある意味、国が何でも面倒を見てくれていた。仕事もつくってくれるし、税金もほとんどかからない。

ただ、人口が増えてくるにつれて、サウジアラビア自体が、これまでのやり方はサステイナブルではないことに気づいている。原油に依存しない形で、国を発展させなければならない。そのためにはさまざまなビジネスを展開する必要がある。

そのため、サウジアラビアのムハンマド・ビン・サルマーン王太子は「ビジョン2030」を掲げて、原油に依存せずに済む経済を目指して、さまざまな産業の育成に取り組んでいる最中だ。

まだまだベビーステップではあるが、彼が王太子になってから、女性の自動車の運転が自由になり、若者向けのイベントが増えている。

唯一の懸念材料は、両国とも「政治」に関する部分だ。

サウジアラビアは王国なので、すべての資産は王様のものということが前提になっている。選挙は地方選挙のみで、そもそも国が認めていない人物は選挙に出馬できない仕組みだ。したがって、自国民に対して与える自由は、かなり限定的なものになる。ここを大きく変えられるかどうかは、まだなんとも言えない。それでも昔に比べれば、徐々によい方向に変化してきているのは事実だ。

また、サウジアラビアはこれまで米国や英国に大きく寄ったスタンスだったが、最近は中国やロシアとも外交を行うようになってきた。

なお、イランはどちらかというと、サウジアラビアのように王様を戴《いただ》く政治体制への反発からイスラム革命が起こったので、両国の関係は決して良好とはいえない。

実は、サウジアラビアはイスラエルと国交を正常化させる交渉を行っていた。その交渉が終盤に近づき、いよいよ両国の国交が回復する寸前まで来たところで、今回のハマスによるイスラエル攻撃が起こってしまった。これによって、国交回復は先送りになってしまったが、サウジアラビアとイランの関係性から推察すると、今回のハマスによるイスラエル攻撃の裏側にイランの存在があった可能性は、きわめて高いと見ている。

このように、両国の関係はまだまだ微妙なものがあるとはいえ、前述したように、国そのものが若者世代を中心にして変わろうとしているだけに、期待したいところだ。

第三世界のリーダーを目指すインドの野望

南アジアのパワーポリティクスは、日本人にはなかなかわかりにくいところがあるだろう。

今回のウクライナとロシアの戦争でわかったのは、インドは無条件で欧米自由主義陣営に与《くみ》するとは限らない、ということだ。

確かに、インドと中国は対立関係にある。しかし、インドが欧米自由主義陣営の同盟国になるかどうかは、まだまだわからない。なぜなら、インドはロシアに対する経済制裁には参加しておらず、ロシアとの取引を続けているからだ。

これにはインドなりの理由がある。ロシアからエネルギーだけにとどまらず、軍事機器も輸入しているという点で、経済的なつながりがかなり強いのだ。

また南アジアにはインドのほかに、パキスタン、バングラディシュ、ネパール、スリランカ、ブータンといった国があり、このうちインドとパキスタンが軍事的にも対立関係にある。そして、パキスタンは中国とのつながりが非常に強く、パキスタンの輸出産業は25%が対中国向けだ。さらに、中国がパキスタンの港湾施設や高速道路をつくったりもしている。

当然、対中関係を考えれば、インドをサポートするのは米国や日本になるのだが、実はパキスタン軍が使用している武器の大半は米国製だ。片や、前述したように、インドが使用している武器はロシア製だ。

パキスタン軍はもともと米国との関係が強い。これは旧ソ連との冷戦時代につくられたコネクションなのだが、パキスタンという国のバックには中国がついている。

ということで、インドとパキスタンは非常にややこしい関係にあるといってもよいのだが、二国間の争いごとはさておき、インドには大国意識が非常に強いことも無視できない要素だ。経済的、技術的なパワーはまだそれほどでもないが、インダス文明を引き継いでいる大国というプライドが強い。

だから旧ソ連時代から、「第三世界」という表現をよく使っていた。第三世界とは、西側にも東側にもつかない第三勢力という意味だ。そして、インドこそが第三世界のリーダーであるという意識を、ずいぶん昔から持ち続けている。

したがって、インドは対中国という観点で欧米や日本が協力するべき相手ではあるものの、だからといって１００％、欧米自由主義クラブのメンバーに加盟するかというと、それはまた別の話だ。これからインドが経済力をつければつけるほど、再び第三世界のリーダーとして、確固たる足場を固めていく可能性が十分にあると見ている。

モディ首相の危険な「ヒンドゥー・ナショナリズム」

こうした流れの中で気になるのは、インドのモディ首相の動静だ。

モディ首相は、ヒンドゥー・ナショナリズムの考え方を強く持っている。もともとインドという国は、マルチエスニック、マルチリージョンの国で、非常に多種多様な民族構造になっている。大英帝国から独立した後、イスラム教徒が多いパキスタンと、ヒンドゥー教徒が多いインドに分かれ、その後にパキスタンが2つに分かれて、東パキスタンがバングラディシュになったという経緯をたどっている。現在もインドの中には相当数のイスラム教徒がいる。全人口の14・2％がイスラム教徒だし、さらにはシーク教徒もいる。

そのうえインドは州制度を採っており、伝統的に州ごとの自治が非常に強いという特性を持っている。

ところが、モディ首相が唱えるヒンドゥー・ナショナリズムは、インドという国全体を危機にさらす恐れがある。

モディ首相は今も75％という驚異的な支持率を維持しているが、それは経済政策がきわめて好調だからという側面が強い。それは世界中で新型コロナウイルスの感染が拡大し、経済を支えるために各国が過剰流動性を供給してきた中で、インドに資本が集中投下されたからでもある。

今後、またリーマンショックのようなことが起こった時、ヒンドゥー・ナショナリズムを煽《あお》ってきたモディ首相の立場が、一気に危うくなるリスクがある。

これまで、インド国内における宗教的対立は、ヒンドゥー教徒とイスラム教徒が多くを占めていたが、2023年6月にカナダ西部において、インドのシーク教指導者が殺害される事件があり、カナダ政府は、インド政府が関与した可能性が高いと公表した。それが何を意味するのか。ひょっとすると、モディ首相のヒンドゥー・ナショナリズムに対する、欧米からの警告だったのかもしれない。

基本的に、欧米自由主義クラブに加盟するためには、まず民主主義国家でなければならず、レイシズムやファシズムをやってはいけないという、暗黙のルールがある。

しかし、モディ首相が唱えているヒンドゥー・ナショナリズムは、へたをすればナチズムのようなものに発展してしまう恐れがある。

今、モディ首相はインドという国の名前すら、変えようとしている。ヒンドゥー・ナショナリズムをさらに追求しようとした時、グローバル資本のインドへの流入は止まってしまうだろう。そこに対する危機感は、とくにインド株に投資している方は、持ったほうがよいと思う。

PART3
新冷戦の中で日本が生き残るための活路を考える

「戦争」は意外と身近なところにある

南シナ海や台湾における有事は、日本にとって他人事ではない。

しかし、日本はこれまで長い間、国の周辺で有事がなかった。唯一、日本の周辺国で有事が生じたのは、朝鮮戦争だろう。

ご存じのように、第二次世界大戦後に分断国家となった、大韓民国と朝鮮民主主義人民共和国との間で生じた戦争だ。金日成率いる北朝鮮が、両国の国境線としていた38度線を越えて、韓国に侵略戦争を仕掛けようとしたのが1950年のことだから、かれこれ74年も昔の話になる。

以来、現在に至るまで地球上のどこかで常に戦争、紛争の類《たぐい》が生じているものの、幸いなことに日本の周辺では平和が続いた。今の日本人にとって、戦争や紛争は確かに悲惨なものであると理解していても、どこか他人事なのは、非常に長い間、平和が続いてきたからだ。

それだけに、地政学リスクに関しても、今一つ理解が進まないのではないだろうか。

今、この地球上で実際に起こっている戦争・紛争の類を挙げろと言われたら、真っ先に思い浮かぶのがウクライナとロシアの戦争だろう。それに続いて、イスラエルとパレスチナ・ハマスとの間で起こっている紛争だろうか。

長いこと平和に慣らされてきた日本人にとって、この2つの戦争・紛争は、まったく別の話として認識されているはずだ。

しかし、この2つの二国間紛争はすべてつながっている。

たとえば、ウクライナとロシアの戦争は、ウクライナを軍事支援している欧米や日本などの民主主義国家と、ロシアに見られる専制主義国家の戦いだ。そして、中国は表面上、中立的な立場を取っているように見えるが、専制主義国家という点において、ロシアと近い立ち位置にある。

そして、イスラエルとパレスチナ・ハマスとの間の戦闘でも、米国をはじめとする民主主義国家はイスラエルを支持している反面、パレスチナ・ハマスを支援しているのはイランとロシアであり、ロシアのバックには中国がいる。つまり民主主義国家と専制主義国家の戦いであるということで、根は同じなのだ。

その文脈で考えた時、台湾有事は日本と地理的にきわめて近いところで起こる戦争になるし、それが不幸にして現実化したら、日本は否応なくその戦争に巻き込まれることになる。そのリスクが常にあるとして考え、日本にどのような影響が及ぶのかを分析しておく必要がある。

日本が抱える地政学上のリスクとチャンス

もちろん軍事的なアセスメント、つまりどのくらいの規模の戦いになるのか、日本が直接戦争に関わることになるのかといった点は、軍事アナリストなど、その方面の専門家が行うべきことだ。私としては、経済の専門家の立場から、日本の経済面に及ぶ影響を分析してみたい。

最大の問題は、この日本に物凄いインフレが襲ってくるリスクが想定されることだろう。

台湾有事が起こったとしても、日本と米国との関係は基本的にこれまでと変わらないはずなので、日本が完全に経済的な孤立に追い込まれるようなことにはならない。日本と米国のルートは開かれている。

しかし、問題は中国との貿易関係がほぼ絶望的になることだ。2022年時点で、日中貿易の額は、日本から中国への輸出額が1848億3070万2000ドルであり、中国から日本への輸入額が1887億6672万5000ドルだ。

ちなみに日本が中国から輸入しているものを構成比別に見ると、次のようになる。

機械及び輸送用機器	48・6%
雑製品	22・7%
原料別製品	12・3%
化学工業品	9・0%
食料品及び生きた動物	4・4%
その他	2・9%

これらに加え、日本は中東からの原油輸入に大きく依存していることも、忘れてはいけない。中東産原油はマラッカ海峡を通過して日本に入ってくる。前述したように、南シナ海での有事が重なったら、恐らく中東産原油が日本に入ってこなくなるか、入ってくると

しても相当、難航するはずだ。結果、当然のことながら輸入に際してかかるコストが増大するため、石油やガソリン、灯油などの値段が大幅に跳ね上がってしまうだろう。

したがって国家安全保障の観点からすると、日本をいかにして自給自足できる国にしていけばいいのか、真剣に考えなければならない時期に来ている。

国家安全保障というと、すぐに戦闘機や戦車、その他の武器関係にばかり目が行ってしまいがちだが、そうではない。武器はあくまでも狭義の防衛関連だ。私が言いたいのは、もっと広義の防衛関連である。

その観点でいえば、食料関連の企業は立派な防衛関連企業だ。食料安全保障という言葉もあるくらいだ。その他、サイバーセキュリティも防衛関連企業に入ってくる。南シナ海や台湾海峡で有事が起こるという最悪のシナリオを想定すれば、日本は広義の防衛関連をしっかり整備する必要がある。

ちなみに先日、米国のGoogleが、アジア太平洋地域では初めて、東京にサイバー防衛拠点を設けるという報道がなされた。中国や北朝鮮などから、官公庁や企業などに対する不正アクセスの懸念が高まっているからで、Googleとしては日本をハブにして、アジア太平洋地域全体のサイバー防衛力を底上げすることを狙っている。

いきなり暗い話で恐縮だが、もちろんポジティブな見方もある。それは軍事衝突に至らず、あくまでも新冷戦状態が続くことだ。

米中の関係が緊張状態のままであれば、日本にはチャンスが巡ってくる。中国から逃げてくるお金が日本に流れ込んでくるし、米国からも入ってくる。東アジア地域における米国の覇権を維持するために、その最前線にある日本を強くしようとするからだ。それは、米国から日本への、さまざまな形での経済支援が今後期待できることを意味する。

ヒト、モノ、カネが流入する日本

日本に流れ込んでくるのはお金だけではない。人材も同様だ。

日本経済が1980年代のバブル経済に向かっていく中で、日本について学びたいという海外人材が大勢いた。金融業界でも、多くの外資系金融機関が日本支店を設け、日本企業の分析を行った。

ところがバブル経済が崩壊してからは、「ジャパン・パッシング」といわれるようになり、優秀な人材が日本から他のアジア地域に移っていった。とりわけ中国は1990年代から2000年代にかけて急成長したため、多くの優秀な人材が、新しいビジネスチャンスを求めて中国に向かった。

では、今後はどうなるのだろうか。前述したように、中国は今、経済的にかなり厳しい状況に立たされている。バブル崩壊が進行するだけでなく、とくに欧米や日本の企業で働いている人材を、スパイ容疑で次々逮捕したりもしている。

こういう状況になると、さすがに中国で働き続けることがリスクになってくる。少なくとも欧米や日本の優秀な人材は中国に行かなくなるだろうし、それ以外の国で中国に行っていた人材も、中国を避けるようになるだろう。そうした人々の目指す先が、日本になったとしても何ら不思議はない。

なにしろ日本には、文学や美術、アニメーションに代表される大衆文化のようなソフトパワーが豊富にある。

実際に生活するうえで、まだ少し不便なところはあるが、それでも私が日本に来た30年くらい前に比べると、格段に住みやすくなった。かつては日本語がわからないと、さまざまな制約が生じたが、今は区役所などの行政施設でも丁寧に英語で応対してくれるし、英語で日本に関する情報発信をしているユーチューバーやインスタグラマーも大勢いる。

それだけ日本に対する関心が高まっている証拠ともいえるが、やはりインターネット社会になり、さまざまなSNSで個人が情報発信しやすくなったことの影響は、非常に大きい。SNSを通じて発信されている内容も、実際に日本で生活するうえで必要な情報が満載だ。それこそ「この手続きをしたい時は、区役所のこの窓口に行こう」とか、「こんなお店があります」「これをしたい時にはこうすればいい」といったアドバイスが、事細かに説明されているのだ。

加えて、この20年、30年でテクノロジーが大きく進歩したことによって、簡単に外国語を日本語に変換してくれるアプリもたくさんリリースされている。

こうした環境変化によって、優秀な外国人が日本に来やすくなっているのは事実だろう。その証拠に、日本政府観光局が取りまとめている「訪日外客数」の推移を見ると、人数が大幅に増えていることを確認できる。

新型コロナウイルスの感染拡大によって、海外との人の行き来が制限される直前である2020年1月が、月間で266万1022人だった。それが2020年5月には1663人まで激減。そこから徐々に増えていき、確定した数字が取れている2023年10月は251万6623人だった。そして、この原稿を書いている段階ではまだ推計値だが、2024年3月の訪日外客数は308万1600人で、単月として過去最高を更新するとともに、初めて300万人を突破した。

近年、「人的資本」といった言葉が広まっているが、日本が好きな、優秀な人材が諸外国から集まり、日本で活躍してくれれば、今度はその優秀な人たちが持っている世界中の優秀な人材とのコネクションもできてくる。そして優秀な人材が集まれば、日本に対する諸外国の関心が高まり、日本に投資する動きも広がってくる。

日本の周辺で大きな有事さえ起こらなければ、こうしたメリットが十分に期待できるのだ。

実り始めた日本のソフトパワー

これもある種、日本という国に対する海外からの関心を高める起爆剤になるものといっていいかもしれない。日本が持っているソフトパワーだ。

「アルプスの少女ハイジ」というアニメーションをご存じだろうか。今も時々、テレビコマーシャルなどで使われることがある作品なので、日本人の大半が見ればわかるのではないだろうか。

実はこのアニメ、日本国内だけでなく海外でもかなり知られている。というのも、この40年くらいで、日本のアニメコンテンツは世界中に輸出されているのだ。「ＯＮＥ　ＰＩ

ＥＣＥ」「ドラゴンボール」「ＮＡＲＵＴＯ」「ポケットモンスター」「名探偵コナン」「進撃の巨人」など枚挙《まいきょ》にいとまがない。

これらアニメコンテンツを、日本が海外に輸出するようになった当初から観ていた外国人が、現在40代半ばから後半くらいの年齢になっている。日本のアニメに親しんだ外国人は、日本に対してある種の親近感を抱いているケースが多い。

また、コンテンツビジネスという観点から見ても、日本のアニメは面白い。かつては米国のハリウッドが、世界のコンテンツビジネスでは一強であり、アニメの世界でもディズニーが圧倒的な認知度を誇っていたが、今はハリウッドとディズニーだけがエンターテインメントではないのだ。事実、２０２４年の第96回アカデミー賞では、宮﨑駿監督の長編アニメ映画「君たちはどう生きるか」が長編アニメーション賞を受賞している。さらに、視覚効果賞には山崎貴監督の「ゴジラマイナスワン」が選ばれた。

映画やアニメ、ゲーム、漫画などたくさんのコンテンツがあり、その多くで日本のコンテンツビジネスが、他国のそれを大きくリードしている。商標などを使用する権利もしっかり押さえている。

日本のアニメは続々と世界中に輸出され、世界中の子供たちに観られている。この事実が、日本の未来にとって非常にポジティブな影響を持つようになるはずだ。

今は子供でも、いずれは大人になり、社会の第一線で活躍するようになる。そうなった時に発揮される日本のソフトパワーは、きわめて強力なものになるだろう。

軍事衝突が起こらずに、新冷戦の状態が今後も続くという前提に立てば、日本経済が大きく成長するのは、まさにこれからといってよい。

時代が政治家をつくる

少し日本の政治についても考えてみよう。「日本がよくならないのは政治が悪いからだ」という声を時々聞く。

では、優秀な人物が政治家になれば、日本はよくなるのだろうか。

さまざまな国家の政治家を見て思うのは、政治家が時代をつくるのではなく、時代が政治家をつくる、ということだ。つまり、その時々の時代の要請に合った政治家が輩出《はいしゅつ》される。そして、その政治家を選んでいるのは、ほかならぬ国民だ。日本の政治家は、日本国民によって選ばれている。

もし、「今の政治家はろくでもない」と言うのであれば、それは多数の日本人が、ろくでもない政治家をよしとしていることになる。あるいは時代的に、突拍子もないような政治家が世に出られるような土壌が、なかったともいえるのかもしれない。

したがって、多くの日本国民が、今の政治のままではダメだという認識を持つようになれば、それに合わせて、今までと違ったタイプの政治家が世に出てくる可能性は十分にある。そういう意味では、「政治家に人物がいない」などと嘆く必要はない。時代が変われば、それに合わせた政治家が必ず輩出されるのだ。

「日本の政治家はレベルが低い」という声も時々耳にするが、これも大した根拠はない。米国の政治家と比べて、日本人の政治家にはこれが足りない、あれが足りないということはまったくなく、はっきり申し上げれば、米国の政治家も、イギリスの政治家も、フランスの政治家も、日本の政治家と大差はない。


サッカーにたとえてみよう。サッカーで「スカッド」という言葉がある。これは、試合に出場する選手だけでなく、そのチームに登録されている全選手を指す言葉だ。そして、そのチームを束ね、指揮を執るのが監督だ。この中で最もクビにしやすいのは誰か、おわかりだろうか？

監督、なのだ。

レギュラーで試合に出場している選手をクビにして、ほかのチームから選手を引っ張ってくるのはなかなか難しい。それはレギュラー以外の選手も同じことだ。

だが、監督を交代させるのは簡単だ。そして、サッカーチームにおける監督は、政治家と同じ役割を担っている。

では、監督を交代させたからといって、すぐにチームが強くなれるだろうか。これもまた「否」である。監督を交代させたからチームがワールドカップに出場して優勝できるかというと、決してそのようなことにはならない。最終的に最も大事なのは、チームの構成員である選手が皆、しっかりと実力をつけることに尽きる。

それは国においても同様で、日本を今以上によい国にしたいからといって、首相をどんどん入れ替えたとしても、恐らくよくはならないだろう。大事なのは首相ではなく、その下で働いているスタッフ、官僚、そして一人一人の個人である。私たち個人が変わらなければ、日本を変えることはできない。

そこで、個人を変えるために政治にできることが一つだけある。私見を交えながら簡単に説明したい。

納税者の権利を守る政治を実行するべき

日本人を見ていて思うことがある。それは、政治に対する無関心ぶりがすごいことだ。市井の日本人がもっと政治に関心を持つようになれば、前述したような時代に合った、優秀な政治家が輩出される可能性が高まる。

そのためには、日本人の納税者の権利を守る政治をするべきだ。いや、日本の納税者の権利を代弁する政党が必要だと言うべきだろう。

「納税者の権利を守るのは政治家の務めとして当然のことではないか」と思った人は、搾《さく》取《しゅ》されている。日本には、納税者の権利を守ることを是とする政党は、一つも存在しない。あの自民党でさえもがそうだ。

たとえば岸田内閣の政治を見て、皆はどう思うだろうか。岸田首相は、過去2年間の税収増をもとにした「減税」と「給付」を行う案を、2023年10月に提示した。まず納税者とその扶養家族に対して、所得税3万円と住民税1万円の定額減税を行うというものだ。これにより、世帯主と配偶者、その子供という3人家族の場合、4万円×3人＝12万円の減税を受けることができる。

税収が増えた分、納税者に還元するのは理解できる。しかし、納得できないのは約1500万の住民税非課税世帯に対しても、1世帯あたり7万円を給付するという点だ。そもそも税収が多かったから、その分を納税した人に返すわけで、もともと税金を払っていない人にまで、1世帯につき7万円もの給付を行うのは、どうかしている。これは給付金ではなく、「寄付」といってもいいだろう。

この政策は、社会主義国家そのものだ。あの自民党政権が、このような社会主義的政策を、平気な顔をして打ち出しているのだ。

もちろん、この政策に対して野党が異を唱えるはずがない。というよりも、野党はさらに左寄りのことをやろうとしている。酷い話だ。結局、日本の納税者は、言われた通りに税金を払わされ、本来なら納税した分だけ得られるはずの公的サービスを、ほとんど受けられずにいる。


この一件からもわかるように、今の日本には残念ながら、納税者の権利を守るような政党が、まったく存在していないと言っても過言ではないのだ。

日本に必要な、納税者の権利を守る政党

では、なぜ「納税者」という経済的概念において右寄りの政党が出てこないのか。これは多くの日本人に納税者という意識が希薄だからだ。

米国では、納税は個々人の確定申告によって行われるため、税金を払っている意識が強いが、日本の場合、給与所得者は所得税、住民税を給与から源泉徴収されてしまうので、納税者意識が芽生えにくい。国民に税金の使われ方を勘ぐられたくないから、わざわざ源泉徴収にしているのではないか、とさえ思えてくる。このような納税者意識の乏しさから、納税者の権利を守る政党が生まれてこないのではないだろうか。

働いて納税している人たちは、今こそ問うべきだと思う。なぜ働いて納税している私たちの貴重な税金を、働いていない人たちにばら撒《ま》かなければならないのか——と。

結局、日本で政権交代がほとんど起こらないのは、経済政策では与党も野党もあまり大きな違いがないからだと考えられる。

米国では、納税者の味方であり、富裕層や企業に有利な経済政策を打ち出す共和党と、

手厚い社会保障政策を打ち出す民主党というように、経済政策の方向性がまったく異なる二大政党が存在していて、その時々の経済情勢に応じて政権政党が交代する。対して日本の政党は、自民党でも共産党でも、経済政策という点ではそれほど大きな違いが見られない。

どの国においても、最も優先されるべきなのは、その国の国民が困窮せず、豊かな生活を送れるようにすることだ。つまり、経済政策こそ最優先されるべきなのに、その意識が政治家に乏しいのが、日本の悲劇といってもいいだろう。そして、経済政策にほとんど違いがないから、日本では政権交代が起こらないのだ。

しかし、これからはこんな社会主義的な経済政策は認められない時代が来るだろう。もし、前述したように優秀な外国人を日本に呼び込みたいと本気で考えているのであれば、社会主義的な経済政策は通用しなくなる。納税者をないがしろにして、悪平等的な給付金をばら撒くような政策を行えば、優秀な外国人はたちまちのうちに、日本から逃げてしまうからだ。

また、日本は少子化による人口減少が問題になっているが、私が見るに、今までこの国が少子化対策に本気で取り組んだことはない。それどころか、日本政府は今の1億2000万人という人口は、日本の食料自給率から見ると多すぎると考えて、あえて人口を減少させるような政策を行っているのではないか、とさえ思ってしまうくらいだ。

本気で少子化対策を行うのであれば、年収が800万円以上あるような中産階級に優しい政治を行う必要があるだろう。年収800万円以上ある世帯の可処分所得を増やし、経済的負担を軽くする経済政策が絶対に必要になってくる。

そのためのアイデアの一つとして、大学までの学費を無償化することを、真剣に考えてみてはどうだろうか。

日本は2024年に発表されたデータで、ドル建ての名目GDPがドイツに抜かれ、米国、中国、ドイツに次ぐ世界第4位まで後退してしまったが、日本を追い抜いたドイツでは、大学までの学費が無償になっている。教育そのものが無償化されているのだ。「誰もが高等教育にアクセスできるようにするべき」という考えのもと、大学への投資が国益につながるという考え方によって、政府や産業界が大学に出資している。

日本では、もちろん公立から国立大学に入学するのか、それとも小学校から私立に入れて、大学までエスカレーター式に進学することを目指すのかによって、子供の教育にかかる金額は大きく変わる。子供1人を育てるのにかかるコストは、2000万円前後といわれている。もし子供が2人いて、皆、同じように大学まで進学したとしたら、2000万円の2倍で4000万円が必要になってくる。教育費は家計にとってきわめて重い負担になっている。

会社員の生涯賃金が2億3000万円程度で、そのうち2000万円、あるいは4000万円が教育費に消えるのは、あまりにも厳しい。この負担が大幅に軽減されれば、少子化にも歯止めがかかるかもしれない。この点は十分に考える必要があるだろう。

個人が時代を生き残るうえですべきこと

世の中が大きく変わりつつある中、私たちはこれから起こるさまざまな変化に、どう対処すればいいのだろうか。

なにより、世の中がどこに向かっているのかを理解しなければならない。

もちろん、世の中がどこに向かっていくのか、100%わかる人間などいない。ただ、自分が生きていくうえで、ある種の大局観を持つことは大事だろう。少なくとも、それを持とうと努力をすることだ。

私が考えている、これからの時代の流れは大きく2つある。

一つは地政学の流れだ。これについてはもう、本書のPART1とPART2で説明した通りで、これからの世の中では、米国や欧州や日本で構成される民主主義国家と、中国やロシアなどの専制主義国家との新冷戦が繰り広げられていく。

そしてもう一つが、技術の流れだ。もっと具体的に言うと、AI（人工知能）がいよいよ私たちの生活のあらゆる部分に実装されてくる。

AIの本格実装は、私たちの生活にきわめて大きな影響を及ぼすことになる。なぜなら、人間が不要になる世界を生み出す可能性があるからだ。

いささか古い話だが、2015年に野村総合研究所と英オックスフォード大学のマイケル・A・オズボーン准教授、カール・ベネディクト・フレイ博士が、共同研究で601種類の職業についてAIやロボットに代替される確率を試算している。その結果、日本の労働人口の約49%が就いている職業はAIやロボットへの代替が可能、という結果が出た。

AIやロボットによって代替されてなくなる可能性の高い仕事をざっと挙げると、IC生産オペレーター、一般事務員、鋳物工、医療事務員、受付係、AV・通信機器組立・修理工、駅務員、会計監査係員、学校事務員、行政事務員、銀行窓口係、警備員、経理事務員、検収・検品係員、人事係事務員、スーパー店員、生産現場事務員、タクシー運転手、宅配便配達員、電車運転士、ホテル客室係、レジ係、路線バス運転手など。ほかにもたくさんあるが、ひとまずここまでにしておこう。
見ればわかると思うが、いずれの仕事も単純作業がメインだ。この手の単純作業は、これからどんどん切られていくだろう。

「そんなバカな」などと思っている楽観的な人たちは、今から30年前を想像してもらいたい。

１９９０年代。すでにインターネットはあったものの、まだ大学研究が中心で、一般的には普及していなかった時代だ。１９９５年前後から民間にも広がり始めたものの、通信速度は遅く、現在と比べれば、まるでおもちゃのようなものだった。その当時、サーバーに書類を置くなどということは当然考えられず、企業には資料室があり、そこから作業に必要な資料を持ってくる専門スタッフがいた。

個々人の作業環境も大きく変わった。１９９０年代には、当然だがスマートフォンは存在していない。カレンダーはシステム手帳、カメラはようやくデジタルカメラが出てきたところで、営業担当者は営業カバンに常に紙の地図を忍ばせていた。当然、お客様に提示する資料も紙である。その資料を作成するにあたっても、資料を探してコピーを取り、そのコピーを紙に貼り付けて営業用資料を作成し、プレゼンする相手の人数分だけコピーして持ち歩くという状態だった。

それが今は、スマートフォンとタブレットがあれば、それだけであらゆる作業を完結できる。当然、紙などはまったく使わずに済む。

オフィスも、かつては各人の席が与えられ、その机の上にはさまざまな資料が山積みになっているという風景も珍しくなかったが、今やフリーアドレスを導入する企業が増えている。机の上に山積みとなっていた資料は、すべてパソコンのファイルの中に納められている。

もっといえば、新型コロナウイルスの感染拡大に伴う行動制限によって、オフィスに出社せずとも、自分の好きな場所で働けるリモートワークが常識になった。

たったの30年間で、人々の働く環境がこれだけ大きく変わったのである。しかも、世の中の変化のスピードは、年々速くなっている。ＡＩが私たちの生活のさまざまなところに実装されたら、世の中はあっという間に大きな変貌を遂げることになるだろう。

そうなることが確実視されているだけに、私たちはこの変化の時代を生き残っていくためにも、ＡＩにはできない、人間ならではのスキルを身につけなければならない。そのために、リスキリングが必要なのだ。

人口減少が日本のメリットになる日

今、多くの日本人が、人口減少社会を悲観的に捉えている。とりわけ生産年齢人口の減少については、危機感を抱いている人が多いだろう。生産年齢人口とは、15歳から64歳までの、何らかの仕事に従事しうる年齢の人口のことだ。

この年齢層の人口が減ることで、頭数を必要とする仕事が回らなくなるのではないか、個人消費が落ち込んで経済成長が期待できなくなるのではないか、といった点を懸念する声が高まっている。

しかし、これからのAI時代において、人口減少は案外、悪い話ではないかもしれないのだ。

前述したように、本格的なAI時代を迎えたら、多くの仕事がAIに置き換えられていく。つまり世の中全体で、人間がやらなければならない仕事が減っていく。人によっては、なかなか仕事にありつけないというケースも生じてくるだろう。

仕事がなければ、生活費を稼ぐことができない。それでは、仕事がない人たちは生きていくことができない。

だからこそ、そういう人たちも最低限の生活を送れるようにするため、ひょっとしたら「ベーシック・インカム」のような制度が必要になるかもしれない。

ベーシック・インカムとは、最低限所得保障の一種で、政府が全国民を対象にして、決められた金額を定期的に支給する政策だ。

ＡＩの波は日本だけでなく、世界中に広がっていくことは間違いない。つまり世界中で、人の手でなされる仕事の量が減ってしまう。それが現実になった時、中国やインドのように莫大な人口を抱える国は、逆に不利な状況に追い込まれることが考えられる。

仕事にありつけない人たちが最低限の生活を送れるようにするためにベーシック・インカムを導入すれば、莫大な財政支出が生じる。それだけの財政的な余力がないからＡＩ化を遅らせる、あるいは導入しないという選択を取れば、生産性は大幅に落ち込み、企業収益は上がりにくくなるし、そこで働いている人たちの賃金も低水準のままになってしまう。

そして、ひいてはそれが一国のＧＤＰの低迷にもつながってしまう。

AI時代は「人口の多さ」が仇になる

これまでは中国やインドが、人口大国であることを笠に着て、ある種、我が世の春を謳《おう》歌《か》してきたが、これから急速に進むAI化の流れの中で、ひょっとしたら人口の多さが仇《あだ》になってしまうかもしれない。

逆に、日本のように人口が減少していく国では、AI化によって仕事が減っていくとしても、同時に人口も減っていくので、仕事の量と人口のバランスがうまく取れる可能性も考えられる。また、仮に仕事の量に対して人口が多く、仕事に就けない人が生じたとしても、ベーシック・インカムによる財政支出はそれほど膨《ふく》らまないかもしれない。

しかも、積極的なAIの導入を進めることで、日本企業ひいては日本経済全体の生産性が著《いちじる》しく向上するだろう。

つまり日本にとって、AI化をはじめとする技術の流れは、大きなメリットをもたらす可能性がある。

その中で、個々人はどのような選択をすればいいのか。これはもう5年後、あるいは10

年後に、自分の仕事が社会で必要とされ続けるのかを冷静に考えるべきだし、将来世の中からなくなっていく仕事だと判断したら、素早く行動する必要がある。

当たるかどうかは何ともいえないが、せめてインターネットで「AIによってなくなる仕事、あり続ける仕事」といったワードで検索し、AI時代でも続けられる仕事の見当をつける程度のことはしておくべきだろう。

あとは、地政学リスクによって個人が被《こうむ》るリスクの種類を把握して、それについても何かしらの対策を講じておくとよい。

地政学リスクの高まりが何をもたらすのか。前述したように、真っ先に考えられるのはインフレの昂進である。

インフレは、資産をたくさん持っている人にとって、名目上の資産価値の増加をもたらすが、資産をまったく持っていない人たちにとっては、多大な生活苦をもたらす。一応、企業はインフレが加速する中で賃金の引き上げを行うものの、過去のさまざまなインフレ事例を見る限りにおいて、賃金の上昇カーブが、インフレの上昇カーブに勝てたためしはほとんどない。

自分のお金をインフレから守るためには、現金で保有するのではなく、インフレに強いとされる資産に置き換えていくことが肝心だ。インフレに強い資産といえば、株式、不動産、金（ＧＯＬＤ）あたりが代表的なものだろう。

持っている余裕資金の額が大きくても、あるいは小さいとしても、これからの時代を生き抜いていく人たちにとって、投資は必須だと言っても過言ではない理由がここにある。

これから何に投資するべきか

インフレに強い資産を持つという観点では、株式や不動産、そして金が妥当なところだが、金利水準が高い今だと、米国国債も選択肢に入ってくる。米国の長期金利の指標である10年国債の利回りは、２０２３年10月19日に５％近くまで上昇した後、同年12月27日に３・７％台まで低下し、そこから再び上昇傾向をたどっている。２０２４年5月２日時点では４・６３％だ。

米国国債なので米ドル建てだが、米ドル建てで年４・６３％ものリターンが得られるのであれば、悪い話ではない。

しかも、世界で最も信用力の高い国である米国が発行している国債なので、ペーパー資産ではあるものの、紙切れになるリスクは、ほぼないと言ってもいい。とくに債券は、株式や金などに比べてボラティリティが低いので、相対的に価格変動リスクは小さくなる。資産をある程度分散させる時、一部に債券を持っておくと、ポートフォリオ全体の価格変動リスクを抑えることができる。

一方、金の最大のメリットは、価値がなくならないことだ。

米国国債がいかに世界で最も信用力の高い国が発行する債券だとしても、発行体である米国政府が絶対に破綻しないという保証はどこにもない。これがペーパー資産の最大の弱点で、発行体が元利金の支払いを滞《とどこお》らせてしまうと、「デフォルト」といって、債券の価値そのものが失われてしまう恐れがある。

この点、金はそれ自体に高い価値を有し、世界共通で認められているため、発行体の信用リスクからは完全に切り離されている。

金が注目される理由は、ほかにもある。それは米ドルを中心とした国際通貨制度、米国を中心とした金融システムから解放されたいと考える国が、少なからず存在しているからだ。

とくにＢＲＩＣｓ諸国を中心とした新興国において、その傾向が強く見られる。

ＢＲＩＣｓ諸国の通貨を並べると、ブラジル・レアル、ロシア・ルーブル、インド・ルピー、中国・人民元、南アフリカ・ランドになるが、いずれも頭文字が「Ｒ」になる。ちなみに中国の人民元を英語表記すると、「Renminbi（レンミンビー）」なので、その頭文字はＲになる。このことから、これら5カ国の通貨を「Ｒ５」などとも称している。

このＲ５通貨構想が浮上したのは、２０２３年8月19日に南アフリカのヨハネスブルグで開かれたＢＲＩＣｓのガバナンスや文化交流に関するセミナーの席上においてだ。ブラジル出身のエコノミストで、ＩＭＦ（国際通貨基金）の理事を務めたパウロ・ノゲイラ・バチスタ・ジュニア氏が提案した。

詳細はおくとして、米ドルを基軸通貨的に用いる現在の国際通貨制度に対する不信感が高まっているのは事実だ。Ｒ５通貨構想では金本位制に基づく国際決済通貨を目指す、という見方もある。

金本位制とは、各国の中央銀行が保有している金の量に応じた通貨を発行するというものだ。そして中央銀行は、公定レートに応じて金と通貨の交換する義務を負っている。

つまり通貨価値の裏づけとして、金の価値があるのだ。

R5通貨構想はドルの支配を終わらせるか

R5通貨構想がどこまで実現に向けて進んでいくのかについては、現時点では何とも言えないが、金本位制を導入する可能性が高まっていることの裏づけとしては、たとえば中国が外貨準備の一部に金を積極的に持つようになってきたという事実がある。

中国による金の購入量から売却量を差し引いた純購入量は、2023年中で225トンにも上り、国別では世界トップとなった。その一方で、中国が保有している米国国債は減少傾向をたどっている。これは、まさに中国が、米国を中心にした国際通貨制度・金融システムから離脱して、BRICsなど新興国を中心に、金を通貨の裏づけとした新しい通貨制度を構築しようとしていることの証左のようにも思えてくる。

世界の中央銀行が2023年中に購入した金の量は1037トンだが、中国が購入した量は、その2割強にも達した。

金はモノなので、インフレによって物価が上昇すると、金価格も値上がりする傾向がある。R5通貨構想が実現するかどうかはわからないが、地政学的に緊張が高まる中でインフレが昂進する可能性が高いことを想定すれば、ポートフォリオに金を組み入れておく価値は、確かにある。

不動産にも注目しておきたい。不動産の現物を保有するとなると、金額が大きくなるし、手続きも煩雑なため、手軽な投資対象とはいえないが、不動産も金と同様、インフレには強い特性を持っている。

また、今はＲＥＩＴ（不動産投資信託）といって、オフィスビルや商業施設、レジデンス、物流施設、ホテルなどの不動産物件を組み入れ、運用してくれるものもあるので、これを利用すれば少額資金で優良な不動産物件を保有できる。しかも最低投資金額も、数万円から20万円程度と少額で済むので、個人にとっては使い勝手のいい投資対象になる。

大局観を養うための情報源

「大局観」という言葉は、そもそもチェスや将棋、囲碁などのボードゲームにおいて、全体の形勢の良し悪しを見極めたうえで、安全策を取るべきか、それとも攻勢に出るべきかを判断する能力を指している。そして、それが転じて、物事の全体像を俯瞰《ふかん》する能力という意味で用いられることもある。

ここで言う大局観とは、物事の全体像を俯瞰する能力だ。

こうした大局観を養うためには、どういう情報源に接すればいいのか。まずは新聞を取り上げておこう。

新聞というと、もう時代遅れのメディアであるように思う人もいるだろうが、大局観を養ううえで、これ以上に的確な情報源はない。

速報性ではSNSがはるかに優れているものの、たとえばFacebookやXの場合、誰をフォローしているかによって情報の確度が大きく違ってくる。大局をまったく読めておらず、たとえば「日経平均株価が最高値を更新!」などといった、目先の出来事だけをXでポストしている人も多く、大概はあまり役に立たない。SNSの特性からか、見方が大きく偏っているし、そもそも間違った情報をそのまま垂れ流しているケースもある。SNSは大勢の人たちをフォローするよりも、自分が気に入っているアカウントを2、3フォローしておけば十分だろう。

この点、新聞はファクトチェックがしっかり行われている情報を中心に掲載されている。もちろん、時に誤報もあるが、SNSで流れてくるデマ情報に比べれば幾分かマシだろう。また、新聞はページ数も多く、それなりに多くの情報が詰め込まれている。なにより、インターネットの情報は、自分が興味を持っている情報、今必要としている情報をピンポイントに検索して得るものが中心で、どうしても範囲が狭くなってしまい、大局観を養うには都合が悪い。

一方、新聞は開いたページにさまざまな情報が掲載されている。自分が興味を持たない分野の情報も、自然と目に飛び込んでくる。それらを眺めているうちに、一見したところ無関係に見える複数のニュースが、実は深いつながりを持っていることに気づけたりもする。こうした気づきが、大局観を養ってくれる。

また、新聞の情報を通じて、世の中の変化に気づくこともできる。たとえば新聞の見出しを眺めて、「史上初」「日本初」「〇年ぶり」といったキーワードが出ていた時には、その記事をしっかり読むべきだろう。なぜなら、これらのキーワードは、いずれも世の中に変化が生じていることを意味するからだ。

もう一つは歴史を学ぶことだ。歴史といっても平安時代や江戸時代まで遡《さかのぼ》る必要はない。大事なのは近現代史だ。それも明治や大正でもなく、戦後史くらいで十分だろう。

たとえば日本経済を支えるうえで中核となった産業・企業、株価、金利水準、インフレ率、為替レート、財政政策、経済政策などについて、高度経済成長期、バブル期、バブル崩壊、金融不安、ＩＴバブル、リーマンショック、アベノミクスといった具合に、その時々における状況を調べてみる。それぞれの時代の匂いを表現した書籍でもいいし、インターネットを活用して検索すれば、各時代における出来事を記したサイトが見つかるので、それらを参考に情報をまとめてもいいだろう。

それらをチェックしていくと、意外と世の中は同じことの繰り返しであることがわかる。日本経済がバブルへと向かっていった時、株価や金利はどう動いたのか、政府はどのような経済対策を行い、日本銀行は金融政策をどのように変えていったのか把握しておけば、これから先、日経平均株価が過去最高値を更新した後の世の中に、どのような変化が現れてくるのかが、おぼろげながら見えてくるだろう。

日本で起こるインフレの先に何が待っているか

日本のリスク要因という点で考えると、インフレが昂進した先に何があるのか、ということは興味深いところだ。

前述したように、これから日本で長期的なインフレが生じる可能性は十分にある。もちろん、日本銀行が目標値にする、「消費者物価指数の上昇率が年２％程度」で収まるのであれば、緩《ゆる》やかなインフレということで、むしろ経済的にはプラスの面があるかもしれない。

しかし、一度インフレに火がつくと、それを抑え込むのは非常に難しくなる。とくに私自身、生まれ故郷のトルコが慢性的な高インフレ国なので、インフレを抑制することがいかに大変かということがわかるし、それが国民の日常生活にとって、どれだけ有害なことなのかも理解している。

そもそも今の日本は、いつ高インフレになってもおかしくない状況にある。確かに、2022年の半ばから物価が上がり始め、一時的に物価上昇率が4％に達したこともあったが、欧米に比べれば、まだまだその水準は低い。とはいえ、今のように超低金利政策、金融緩和政策を継続させれば、いつかとんでもないインフレになる恐れがある。

それは、過去の歴史を検証すればわかることだ。

過去、日本は国の借金が莫大になると、それを踏み倒す政策を行っている。

たとえば明治維新の時には、廃藩置県が行われた後、明治政府は旧藩が豪商から借りていた債務を整理した。総額7413万両あった債務のうち、返済に応じたのは3486万両だけで、応じた債務返済についても、長期の分割返済とされた。

戦後は新円切り替えだ。１９４６年から行われた政策で、まず預金封鎖が行われた。５円以上の日本銀行券を銀行に預けさせた後、市中に流通している5円以上の旧紙幣を使えなくし、しばらく後に新円を発行した。そして、一定限度内に限って旧円との引き換え、および新円による引き出しを認めるとした。

新円による引き出しに制限がかけられたため、銀行に預けてある旧円を全額、新円で引き出せなくなったのと同時に、一定の期間をもって旧円が使えなくなるようにしたため、全額を新円で引き出せないうちに、旧円の資産価値がゼロになってしまった。つまり政府は、旧円の債務を強制的に踏み倒したことになる。

現状、日本政府が抱えている借金は、過去最高額に達している。長期国債の発行残高に加え、借入金や政府短期証券も含めた国の借金は、２０２３年12月末時点で１２８６兆円にもなる。

もはや返済不可能と考えているのだとしたら、日本政府は、日本を高インフレが襲ったとしても、インフレを止めるための政策を一切、講じなくなる恐れがある。現状、インフレの足音が近づいてきているにもかかわらず、日本銀行が金融引き締め政策に転じないのは、その布石なのではないかとさえ勘繰りたくなるくらいだ。

インフレは、人々が心地よいと思える程度のものであれば、経済を活性化させるのに寄《き》与《よ》する。物価上昇率をほどほどに上回る程度に企業業績がよくなり、同時に賃金も増えれば、人々は気持ちよくお金を使うだろう。そして、それが経済を上向かせることにつながっていく。

しかし、インフレ率が年50%、あるいは100%などという、とんでもない高率になったら、恐らくそれを超えるような企業業績の向上は期待できず、賃金に比べて物価の上昇率が高くなり、人々の生活が貧しくなる恐れが高まってしまう。

大局的な観点から日本という国が抱えているリスク要因を考えた時、インフレはその最たるものになるだろう。

日本人の「強み」を活かせ

日本人の民度は、世界的に見てもトップクラスだが、それは、2024年1月2日に羽田空港で生じた、航空機衝突事故からもわかる。

あの事故では、残念なことに海上保安庁の飛行機に乗っていた6人のうち5人が亡くなってしまったが、日本航空の旅客機に乗っていた379人全員が脱出に成功した。これは奇跡に近いといっていいだろう。

もし日本以外の国でこの手の事故が生じたら、恐らく乗客の大半は我先にと脱出口に殺到するだろうし、中には自分の荷物だけは、と持ち出そうとする人もいるはずだ。

ところが、あの航空機に乗っていた乗客は、そういうことをしなかった。客室乗務員の指示に従って順番に脱出シューターを滑り降りて同機を離れ、10人程度を一つのグループとしてまとまり、安全な距離を保って近くに待機した。

これが何を意味するのか。それは、日本人はきちんと組織だって行動できる、きわめて民度の高い人々だということだ。日本は地下資源こそ少ないけれども、人的資源は豊富であることをも意味している。

しかも、日本人は何かを為そうとする時、それに関してベストなものを生み出そうとする気概がある。職人気質というか、オタク気質のようなものさえある。それを私は、シーシャ（水タバコ）に見た。

シーシャは中東で発展した喫煙具で、トルコを代表する文化の一つだ。400年も前からトルコ人の間で楽しまれているものだが、最近、日本でも流行していて、ここ数年、東京においてはマクドナルドの店舗数より、シーシャ・バーの店舗数のほうが増えているくらいだ。そして、そこで燻《くゆ》らせるシーシャの味が、トルコのそれよりも遥かに美味しいと、私はいつも感嘆させられている。

なぜなのか。ずっと不思議に思ってきたが、これはまさに日本人気質が為せる業《わざ》だ。さまざまなフレイバーを微妙に組み合わせることで、シーシャの味が出てくるが、こうした微妙な調整において、日本人は世界的にも類《たぐい》まれな才能を発揮している。日本のウイスキーが世界的に高い評価を得ているのも、微細な調整を伴うモノづくりに長けているからだと思う。まさに「神は細部に宿る」のである。

こうした国民的な特徴は、世界中を探してもなかなか見当たらない。そして、この特徴をとことんまで突き詰めれば、日本経済が沈没することなどありえないと、私は常に思っている。多少の浮き沈みがあったとしても、どん底に落ちることはない。

もちろん、日本人にも不得手な分野はある。たとえばソフトウェアの開発では、米国に敵《かな》わない。だが、それは日本に限ったことではなく、ドイツにしてもそうだ。米国以外の国で、Googleやメタ（旧Facebook）をしのぐような、巨大テック産業があるかというと、実は存在しない。この手のプラットフォーマー的な産業は、自由な空気によって生み出される側面が強いのだ。

プラットフォーマーやソフトウェア産業は、とりあえず製品をリリースしてみて、何か問題があれば、それを都度修正していくことで徐々に完成へと近づけていく。それと同じことを、完璧主義者に近い日本やドイツはどうもうまくできない。これは国民性に根差すものだから、仕方がないだろう。

日本人はなぜか米国で行われていることに対して、盲目的に追従しようとする傾向がある。だが、別に日本が米国化する必要など、どこにもない。

かつてバブル経済が崩壊した時も、日本人はそこから脱しようとする中で日本的な経営を手放し、米国的な経営を取り入れようとした。グローバル化を進める中で、それが必要な面もあったと思うが、同時に日本経済の回復を遅らせた一因でもあると思う。

その意味で、人的資本経営は日本が復活し、さらに成長していくうえで重要な考え方だ。原油よりも重要な資源は「人」である。日本には優秀かつ民度の高い人間が1億2000万人もいるのだから、未来に対して悲観する必要はどこにもない。

巨大な米国市場を取り込め

もう一つ、日本にとって、これから米国が大きな鍵を握ることになってくるのではないかと予想している。

それは米国の野球チームであるロサンゼルス・ドジャースが、大谷翔平選手を獲得するために、スポーツ史上最高額とされる10年7億ドルの契約金を約束したことからもわかる。7億ドルを日本円に換算すると1000億円にも達する。この金額がどの程度の妥当性を持つのかはともかくとして、これだけの金額を提示できるのは、米国の経済規模がそれだけ巨大だからだ。

そして、私自身は米国と中国の関係が悪化すれば、日本は今まで以上に米国市場を相手にした商売がしやすくなると考えている。

たとえば2023年12月に発表された、日本製鉄によるUSスチール買収は、その代表的な事例といってもいいだろう。USスチールといえば、1901年に創業された、米国を代表する製造業の一つだ。日米の経済対立が激しい状況だとしたら、このような買収など、まず認められないだろう。

トランプ前大統領をはじめとして、米国国内でも日本製鉄にUSスチールを買収させるのは反対という声もあるし、実際に買収が成功するかどうかは、少なくともこの原稿を書いている2024年2月時点では何ともいえないが、この手の話が俎上《そじょう》に載せられるあたり、米国は日本に対して、ある程度のフリーパスを与えたとも考えられる。その視点で考えると、米国市場で伸びる日本企業は、これから先、非常に強いのではないかという仮説を立てることができる。

米国の経済規模を見てみよう。

まず、日本の名目GDPは595兆円ある。対して、1ドル＝145円で換算した時の、米国の名目GDPは4008兆円にも達する。ざっと日本の6・7倍だ。そして、米国の名目GDPに占める個人消費の割合は、約7割になる。それだけモノなどを消費する力が強いということだ。

これだけ巨大な経済規模と、強い消費力を持ち合わせている米国の市場にコミットできれば、日本企業は大きな成長機会を得ることができる。しかも、ご存じのように昨今の米ドル／円は、円安方向に進んでいる。円安が進むということは、米国市場における日本の製品・サービスの価格競争力が高まることでもある。

日本は米国市場とどう付き合うべきか

ここで注目してもらいたいのが、実質実効為替レートだ。実質為替レートは、国内外の物価変動による通貨の購買力を加味して計算されている。また実効為替レートは、二国間の為替レートではなく、複数通貨に対する円のレートを計算したものだ。具体的には、貿易関係を持っている国との貿易量に応じて、為替レートを加重平均して計算されている。本来、実効為替レートは名目為替レートをベースにして計算されているが、これに通貨の購買力を組み合わせて計算されたのが、実質実効為替レートになる。

実質実効為替レートの推移を見ると、今の円がいかに安い水準にあるのかがわかる。円が1ドル＝360円の固定相場制を採っていた時点の実質実効為替レートは73・5だが、2024年3月現在、この水準を割り込み、70・94まで低下している。ちなみに実質実効為替レートがピークを付けたのは、1995年4月の194だった。

このように、実質実効為替レートが歴史的な安値水準にあるのは、インバウンドにおいて日本国内のモノやサービスが割安であることを意味するのと同時に、日本から海外への輸出にとっては有利に働く。これは、日本国内を主要マーケットにする日本企業にとっても、あるいは海外にモノやサービスを輸出している日本企業にとっても、有利な環境が整ってきていることを意味する。

ただ、円安だから輸出が増えると決めつけることができないのも、また事実だ。貿易統計の数字を見ると、変動相場制が導入されてひたすら円高が進んだ局面において、輸出額から輸入額を差し引いた数字が大きくプラスになっているのがわかる。円高でも輸出が大きく伸びたのだ。これは輸入額が大きく伸びても、それを上回るだけ輸出額が伸びたからだ。

しかし、2011年以降の流れを見ると、円安が進んで輸入額が大きく増える一方、輸出額が案外伸びず、結果的に大幅な輸入額超過になっていることがわかる。つまり円安になったからといって、輸出が大きく増えるとは一概にいえないことを意味している。この点は一応、留意しておくべきだろう。

現に、2022年の日本の貿易赤字は15・7兆円で、比較可能な1996年以降、過去最大を記録した。これは「製造業を巡る現状と課題　今後の政策の方向性」という経済産業省のレポートによるものだが、貿易収支がこれだけの赤字額になった一方で、第一次所得収支は35・3兆円もの黒字になっている。第一次所得収支とは、対外金融債権・債務から生じる利子・配当金などの収支状況を示すもので、この黒字額が大きければ大きいほど、海外資産から得ている利子や配当金が大きいことを意味する。ちなみに35・3兆円という第一次所得収支の黒字額は、1985年以降、過去最高額だ。

貿易収支が大幅な赤字で、第一次所得収支が大幅な黒字。この状況から考えると、今の日本は「貿易立国」ではない、ということになる。日本国内でモノをつくらず、海外での現地生産を中心にしたことによって、日本の貿易収支の赤字が積み上がってきているのだ。確かに昨今の円安は、一部の日本企業にとって追い風であるようにも見えるが、実は案外、輸出を大きく伸ばす要素ではないことが、この点からもうかがわれる。

とはいえ、それでも円安がメリットだとするのであれば、それはグローバルサプライチェーンの見直しにおいて、であろう。

すでに台湾の半導体ファウンドリーであるＴＳＭＣが、熊本県に製造拠点を設けたことにより、現地はバブル期並みの大騒ぎになっている。このようにグローバルサプライチェーンを見直す中で、日本国内にさまざまなモノの製造拠点を持ってきて、再構築を図ろうとする動きがある。この動きをより活発なものにするには、円安が強力な武器になるのは事実だ。

以上のような視点も含めて、米国市場との付き合い方を考えていく必要がある。

最高値を更新した日経平均株価は「割高」か

プロローグで触れたように、２０２４年２月、日経平均株価がバブル期の最高値を更新した。

チャートを見ると、現在の株価水準は日本株にとってまったくバブルではなく、むしろまだまだ割安であることがわかる。今の日本株は、外国人投資家を中心に買われていて、実は日本の投資家の眠っている巨大な資金は、まだまだ日本株に向かっていない。

それでは、外国人投資家はなぜ日本株を好むようになったのだろうか。これには４つの理由が考えられる。

①日本企業の利益率とＲＯＥの改善

まず、ファンダメンタルズという意味では、過去10年間で日本企業の利益率とＲＯＥ（自己資本利益率）が改善したことが挙げられる。

日本企業のＲＯＥは８％前後であり、２ケタの欧米企業に比べて低かったが、足元では徐々に上昇し続けている。２０２５年までには９％、２０２５年末には2ケタ台に乗ると予想されている。

また、ファンダメンタルズの改善に加え、ガバナンス強化のおかげで市場の透明性が高まり、外国人投資家が安心して投資できるような環境になった。

②日本企業の株主還元姿勢の変化

２つ目の理由は、日本企業の株主還元姿勢が変わったことだ。東京証券取引所の努力もあって、日本企業はより株主重視のスタンスに移行し、ＰＢＲ（株価純資産倍率：Price Book-value Ratio）１倍割れの解消が進んでいる。かつては、東証プライム市場に上場されている銘柄の約50％はＰＢＲ１倍割れだったが、２０２３年中でその比率が40％まで低下した。

加えて、もう一つの大きな変化が、自社株買いで起きている。自社株買いが過去10年間で4倍まで拡大していて、２０２２年には9兆円を超えた。これに加えて、配当による還元も増えており、日本企業はＩＲ活動に力を入れるようになった。

持ち合いの解消も株価上昇に追い風だ。持ち合いは過去10年間で20％も減っている。それでもまだ持ち合いは多いものの、徐々に解消される方向で進んでいるのは間違いない。

③日本に割安のバリュー株がたくさんある

３つ目の理由は、日本に割安のバリュー株がたくさんあることだ。グローバル投資家は、かなり割高になっている米株以外の投資先を探している。

とくにバリュー投資家にとって、日本ほどよい市場はほかに見当たらない。米国の著名投資家であるウォーレン・バフェットが日本株に投資し始めて以来、ほかのバリュー志向のグローバル投資家も、日本株に注目するようになった。なぜなら今の米国株は、グロース株が中心になっていて、バリュー株は見向きもされないからだ。

ところが、日本では真逆の現象が起きていて、ＭＳＣＩジャパンのバリュー株指数とグロース株指数の動きを見ると、２０２３年以降、バリュー株がグロース株を大きくアウトパフォームしていることがわかる。

つまり、日本株の上昇は、半導体セクターやＡＩバブルと、あまり大きな関係がないということになる。

④地政学的理由

４つ目の理由が地政学だ。個人的にはこれが最も重要な理由ではないかと考えている。なぜなら、その影響が今後40年にわたって続くと思われるからだ。

本書で見てきたように、米中新冷戦の開始で、グローバル資本は中国から撤退し、新たな行き場を探し始めた。そこで、最も安全かつ割安で、優秀な人的資源が豊富な日本が選ばれようとしている。

日本株が上昇し始めたのは２０１３年のことだ。その理由として、超金融緩和政策を打ち出したアベノミクスを挙げる声は多いが、実はその年は「新冷戦」の開始年でもある。これは、恐らく偶然ではない。

日本株は40年間の上昇と、23年間の調整という巨大なサイクルを2回完了した。新しい上昇サイクルは、2013年に始まって2053年まで続き、2053年から2076年まで調整すると考えられる。まさに今は、上昇サイクルの真っ最中なのだ。

こうした4つの観点からも、今の日本株が割高であるとは私には思えない。

あえて日本株のリスクを挙げるとすれば……

日本株の上昇要因を挙げたが、もちろんリスクがまったくないというわけではない。日本株投資に関するリスク要因についても挙げておこう。

日本で株式に投資している人は、8人に1人くらいの割合だ。つまり多くの人は、「今から買っても大丈夫なのか？」と思っているし、日本株のポジションを持っている人でも、「今は売り時なのか?」と気になっていると思われる。それらの問いに答えるためにも、日本株が抱えているリスクを説明する必要があるだろう。

私は、日本株投資のリスクとして、3つ挙げられると思っている。

①景気低迷

中でも最大のリスクは「景気低迷」だ。

日本の2023年10-12月のGDPは、一次速報の0・1%減から0・1%増に上方修正されたが、一次速報のままだったら年率でマイナス0・4%、おまけに2四半期連続でマイナス成長になることからテクニカルリセッション(定義上の景気後退)に突入していた。ギリギリセーフとはいえ、今後も注意が必要だ。

日本の景気減速の最大の要因は「内需の弱さ」にある。

2023年は内需が落ち込み、前年比1%減で、そのうち堅調に見える住宅需要は、前年比4・6%の落ち込みだった。

住宅は、どの国においても重要なセクターである。なぜなら住宅を一軒建てると、さまざまな仕事が生まれ、建材、建機、家電、家具など幅広いセクターが恩恵を受けるからだ。また、住宅は他の消費の先行指数にもなる。そのため、２０２３年における内需の落ち込みが１％だったからといって安心はできない。時間の経過と共に、住宅需要の前年比であるマイナス４・６％程度まで、内需そのものが落ち込むリスクがあるからだ。

株式市場にとっても大きなリスクといえるだろう。

では、内需を補ってあまりあるだけの外需があるかというと、実はそれもあまり期待できない。日本は輸出大国だと勘違いしている人も多いが、すでに経済構造は大きく変わっていて、輸出依存度は15％程度とかなり低い。対して韓国やドイツの輸出依存度は40％程度もある。つまり日本経済は、かなりの程度、外需ではなく内需によって成り立っているのである。

そのため、内需の落ち込みが今後も続くようだと、今の日本株のバリュエーションを正当化できなくなり、株価が大きく下落するリスクが生じてくるのだ。

②特定銘柄への集中

２つ目のリスクは、米国株式に絡《から》んで日本株に及ぶと思われるもので、特定の銘柄に買いが集中しているリスクである。

足元の株価上昇を詳細に観察すると、買われている銘柄が一部に集中しており、むしろ指数上昇の恩恵を受けていない銘柄のほうが多くなっている。
２０２４年に入ってから、同年3月8日までのＴＯＰＩＸの上昇率は14・5％だが、ＴＯＰＩＸ Ｃｏｒｅ30、つまり、時価総額と流動性がとくに高い大手30社の上昇率は、同じ期間で測定すると、20・5％にもなる。ＴＯＰＩＸは時価総額加重平均型の株価指数なので、指数を引っ張っているのは大型株だ。中型指数と小型指数のパフォーマンスは5〜6％台なので大して上がっていない。

また、日経平均株価はＴＯＰＩＸと違って株価平均型の指数だが、株価が高い銘柄は時価総額も大きいので、ＴＯＰＩＸと同じ現象が日本株でも起きていると考えられる。

このように、株価の上昇が一部の銘柄に集中していて、市場全体にお金が入らない時は、特定の銘柄に何かあると相場が簡単に崩れるリスクが高まる。

米国株式の場合、エヌビディアがその典型例といってもいい。日本の場合、エヌビディアに該当するような銘柄はないものの、半導体関連株が下げ出したら、相場全体を大きく下に引っ張る恐れがある。

③中国株の動向

３つ目のリスクは中国株だ。それも中国株がバブル崩壊で大暴落するのもリスクだが、逆に大きく反発に転じるのも、日本株からすればリスクになる。

なぜなら今、グローバルな投資資金の流れで起きているのは、「日本買い・中国売り」というペアトレードだからだ。

中国株から逃げている資本が日本株に流れている。しかしこれから先、中国株が持ち直せば、日本株の上昇が止まるリスクが生じてくるのだ。

もちろん米中新冷戦が激化している環境で、中国株の上昇が長く続くとは思えないが、短期的には売られすぎの中国株が買われて、代わりに日本株が売られるシナリオを考慮すべきだろう。

ロイター通信の報道によると、米国の資産運用会社は中国株の反発に備えた新たなＥＴＦ（上場投資信託）を投入しているようだ。レイ・ダリオが率いる世界最大のヘッジファンドである、ブリッジウォーター・アソシエイツも、中国株について強気の見方をしている。

現状においてＰＥＲ（株価収益率）が12倍まで下がっている中国株が、魅力的に見えているのだろう。実際、２０２４年２月に入ってから、上海総合指数は底を打ち上昇に転じている。

長期的に日経平均株価が30万円になる理由

長期的に考えれば、日本の株式市場はこれから先、かなり期待が持てそうだ。これまで私は、これから日本が復活し、２０５０年頃までに黄金期を迎えると話してきたし、その中で「日経平均株価が30万円になる」という見通しを掲げてきた。

平成の30年間は、まさに「失われた30年」のデフレ時代で、この間、日本人の多くは世界に類を見ないほど高い貯蓄率を維持してきた。

そのため、事あるごとに「農耕民族の日本人に投資は向いていない」などといわれたが、その考え方は間違っている。デフレで物価がどんどん下がり続けたから、資産を現金や預金で持ち続ける経済行動が合理的だったのである。

実際、過去の歴史を振り返ると、日本で物凄い投機熱が高まった時代は、幾度となくあった。１９８０年代を通じて、世界的にも稀なバブル経済が醸成されたのは、まさにその典型例だろう。

また、江戸時代には世界に先駆けて米の先物市場が大阪に創設されたし、株価など相場の値動きを示すローソク足のチャートは、本間宗久という相場師が考案したものとされている。日本人は世界的に最も投資や投機に親和性の高い人々だと、私は常に思っている。

この先、インフレが進んで、現金や預金で資産を持つことが資産価値の目減りにつながることに気づけば、日本人も徐々に経済合理性に適《かな》った経済行動を取るようになるはずだ。つまり株式市場などを通じて投資をするか、それとも消費をするかの二択のいずれかを選択するようになるだろう。

そして、日経平均株価が30万円という高みを目指して上昇していくうえでの原動力になるのは、やはりインフレだ。

東京証券取引所がPBR1倍割れ企業を対象にして、改善策の開示や実行を求めたり、2024年1月から新NISAがスタートしたりしたが、これらは株価上昇の単なるきっかけにすぎない。本当の意味で株式投資の重要性が見出され、日本の株式市場に投資する意欲が高まる原因はインフレだ。

日本銀行の資金循環統計によると、日本人の家計部門が保有している金融資産の総額は、2023年12月末時点で2141兆円ある。家計部門は現金・預金、債権、投資信託、株式、保険など、さまざまな形態で金融資産を保有しているが、このうち株式の占める割合は12・9％で、金額にすると２７６兆円だ。ちなみに現金・預金の総額は１１２７兆円で、全体の52・6％を占めている。

もし、株式の比率が現在の12・9％から20％になったとしたらどうだろうか。これだけで１５２兆円もの資金が、新たに株式市場に流入することになる。これだけの資金が入ってくるだけで、株価は大きく上昇するだろう。

ちなみに、２０２４年5月1日時点の日本の株式市場の時価総額は、東証プライム市場、スタンダード市場、グロース市場の３つを合わせて９９２兆９２２４億円だ。１５２兆円の資金が新たに流入すれば、時価総額に対して15％もの資金が入ってくることになる。株価に相当のインパクトを及ぼすに違いない。

日本の株式市場がバブルピークを付けた１９８９年度、株式・出資金が個人金融資産全体に占める比率は、実は20・6％だった。そこから徐々に株式・出資金の比率は減少傾向をたどり、２００３年度には8・4％まで縮小してしまったが、２０２３年12月末時点では12・9％まで回復してきた。ここに本格的なインフレが到来すれば、20％程度までは比較的容易に増えると見ている。それどころか、30％程度まで高まることも、決して絵空事ではない。

そうなれば、日経平均株価が30万円に到達することも、十分に起こりうることだと考えている。

日本には間違いなく、グローバル資本が集まってきている。

*

この本の原稿の最終確認を行っている時にまた大きなニュースが流れ込んできた。それは米ソフトウェア大手のオラクルが、今年からの10年間で80億ドル（約1・2兆円）以上の投資を行い、日本でデータセンターの設備とそのスタッフ人員を増強する、という話である。アップル、グーグル、TSMCに続いて今度はオラクルと、世界の半導体・ソフトウェア大手が日本に集まっているのは偶然ではない。それは、新冷戦でもっとも重要な国が日本だからである。

エブリシング・バブルの崩壊と日経平均30万円説が矛盾しているのではないか？　との疑問を持っている人もいるかもしれない。しかし、この2つの出来事は時間軸が違う。むしろ米国の資産バブルが終わって、米株が適切な価格に戻ったほうが、日本やインドにグローバル資本が集まりやすくなる。

短期的に世界のどの市場も同じ動きをするが、長期的には大きな差が出てくる。数年前まで上海株や香港株が下がると、日本株はそれ以上に下がるのが通常だった。それが今は中国株が暴落しようが、上げようが下げようが日本株は上がる仕組みになった。

日本の個人投資家も時代が変わったことを認識すべきで、もはや世界一脆弱《ぜいじゃく》な日本市場ではなく、世界の投資家がこぞって集まるホットな市場に変わりつつあるのだ。

最新情報は以下をご参照ください。

■ポータルサイト「Emin Yurumazu Portal」
https://eminyurumazu.com/

■note
https://note.com/eminyurumazu/

■X（旧ツイッター）
@yurumazu

著者略歴

エミン・ユルマズ

エコノミスト、グローバルストラテジスト。

トルコ・イスタンブール出身。16歳で国際生物学オリンピックの世界チャンピオンに。1997年に日本に留学。1年後に東京大学理科一類に合格、その後、同大学大学院で生命工学修士を取得。2006年、野村證券に入社し、投資銀行部門、機関投資家営業部門に携わったあと、「複眼経済塾」の取締役・塾頭を経て、現在各種メディアとSNSで情報発信中。著書には『それでも強い日本経済！』『大インフレ時代！　日本株が強い』『無敵の日本経済！　株とゴールドの「先読み」投資術』（以上、ビジネス社）、『エブリシング・バブルの崩壊』（集英社）、『世界インフレ時代の経済指標』（かんき出版）、『一生使える投資脳のつくり方』（扶桑社）など多数。

エブリシング・バブル終わりと始まり
地政学とマネーの未来2024-2025

2024年6月17日　第1刷発行
2024年7月17日　第4刷発行

著　者　　エミン・ユルマズ

発行者　　鈴木勝彦
発行所　　株式会社プレジデント社
〒102-8641　東京都千代田区平河町2-16-1
平河町森タワー 13階
https://www.president.co.jp/
電話　03-3237-3732(編集)
03-3237-3731(販売)

装　幀　　小口翔平＋後藤 司(tobufune)
写　真　　遠藤素子
本文組版・図版　朝日メディアインターナショナル株式会社

販　売　　高橋 徹　川井田美景　森田 巌
末吉秀樹　庄司俊昭　大井重儀
編　集　　村上 誠
制　作　　関 結香

編集協力　　鈴木雅光(Joynt)

印刷・製本　　株式会社新藤慶昌堂

ISBN 978-4-8334-4053-0
Printed in Japan